Le Sauveur Ressuscité

VIVRE DANS LA PUISSANCE DE LA RÉSURRECTION DU CHRIST

DR. JOHN ANIEMEKE
DR. CHIDINMA ANIEMEKE

LE SAUVEUR RESSUSCITÉ

Vivre dans la Puissance de la Résurrection du Christ

Copyright ©2025 par Dr. John Aniemeke & Dr. Chidinma Aniemeke

ISBN broché : 978-1-965593-41-7

Tous droits réservés. Aucune partie de cette publication ne peut être reproduite, distribuée ou transmise sous quelque forme que ce soit ou par quelque moyen que ce soit, y compris la photocopie, l'enregistrement ou d'autres méthodes électroniques ou mécaniques, sans l'autorisation écrite préalable des auteurs, sauf dans le cas de courtes citations intégrées dans des critiques ou d'autres utilisations non commerciales autorisées par la loi sur le droit d'auteur.

Publié par Cornerstone Publishing
Une division de Cornerstone Creativity Group LLC
Info@thecornerstonepublishers.com
www.thecornerstonepublishers.com

Contact des auteurs

Pour inviter les auteurs à intervenir lors de votre prochain événement ou pour commander des exemplaires en gros de ce livre, veuillez utiliser les informations ci-dessous :
janiemeke@yahoo.com

Imprimé aux États-Unis d'Amérique.

PRÉFACE

J'ai eu le privilège de passer en revue le contenu de ce livre, Le Sauveur Ressuscité. Depuis ce moment, je n'ai cessé de prier afin qu'il serve de canal pour l'accomplissement des provisions rédemptrices de Dieu dans la vie des gens. Ce livre aborde la réalité de la restauration—qu'il s'agisse du triomphe d'un croyant après de nombreuses épreuves, du retour spectaculaire d'un sportif dans les derniers instants, du regain d'espoir pour un homme politique, ou de la résurrection miraculeuse de ce qui semblait perdu, à l'image des ossements desséchés dans la vision d'Ézéchiel.

Le Sauveur Ressuscité est une profonde exposition du plan rédempteur de Dieu—un dessein divin mis en œuvre dès la chute de l'homme dans le jardin d'Éden. Dans ce grand récit de la restauration, Jésus-Christ, le Sauveur, en est la figure centrale. En tant que substitut de l'homme, Il a entrepris la mission de la rédemption, vivant une vie sans péché en défi à l'ennemi, offrant Son corps et Son sang sur la Croix pour expier les péchés de l'humanité, et acceptant finalement l'ensevelissement. Mais dans une rétribution divine, Il a triomphé par la Résurrection, assurant la justice éternelle et la victoire à tous ceux qui croient. Ce livre est une célébration de cette victoire—un témoignage de la vie de domination que l'on trouve en Christ.

Le message de Le Sauveur Ressuscité met en lumière la Résurrection de Jésus comme la pierre angulaire de notre foi. Par une foi inébranlable en Lui, les croyants participent à Sa victoire et à Sa domination, rendus capables par le Saint-Esprit de vivre dans la plénitude de la vie divine. L'expiation du Calvaire et la Résurrection sont les deux piliers sur lesquels repose la foi chrétienne, et ce livre en souligne magistralement l'importance. Je recommande chaleureusement Le Sauveur Ressuscité à tous ceux qui recherchent une révélation plus profonde de la victoire du Christ.

Je suis également profondément honoré d'être associé aux co-auteurs de ce livre—de véritables instruments du Royaume de Dieu. Leur dévouement sans faille à Christ et leur engagement à proclamer le message de Sa Résurrection les distinguent comme des porteurs de flambeau de cette génération. Les paroles contenues dans ces pages, issues de leurs cœurs et inspirées divinement, vous communiqueront la grâce, la faveur et l'onction alors que vous embrasserez la puissance de la Vie de Résurrection—une vie remplie de percées, de merveilles et de la gloire manifeste de Dieu.

Apostle Emmanuel E. Nwogu
The Apostolic Church, Brooklyn, NY

DÉDICACE

Ce livre est dédié à la gloire de Dieu et à tous les croyants en Christ qui aspirent à Son retour. Maranatha !

TABLE DES MATIÈRES

PRÉFACE iii

DÉDICACE v

INTRODUCTION ix

1. LA GRANDE PROCLAMATION : IL EST RESSUSCITÉ ! 1
2. PREUVES DE LA RÉSURRECTION 13
3. CRUCIFIXION : LE DÉBUT DES BÉNÉDICTIONS DE LA RÉSURRECTION 33
4. LES MERVEILLES DE LA MORT DU CHRIST 42
5. LA RÉSURRECTION : LA PIERRE ANGULAIRE DE NOTRE FOI 55
6. LA RÉSURRECTION ET TA DOMINION 77
7. LA RÉSURRECTION ET NOTRE GLOIRE ÉTERNELLE 95

CONCLUSION 107

8. VOUS ÊTES LE CINQUIÈME ÉVANGILE ! 107

INTRODUCTION

À travers l'histoire, aucune personnalité n'a exercé une autorité et une influence aussi profondes que notre Seigneur et Sauveur, Jésus-Christ. Sa vie victorieuse et Sa mort sacrificielle continuent de résonner à travers les générations de l'humanité, transformant les vies et les destinées de multitudes de personnes dans le monde entier. Pourtant, c'est dans la puissance inégalée de Sa résurrection que nous, en tant que disciples, trouvons notre véritable identité, notre raison d'être et notre domination.

La résurrection constitue le moment décisif de l'histoire. C'est à ce moment-là que le fondement de notre foi a été posé, et que les portes du salut, de la rédemption et de la vie éternelle ont été grandement ouvertes à tous ceux qui choisiraient d'embrasser le Sauveur ressuscité. Par la résurrection, Jésus n'a pas seulement vaincu la tombe, mais Il nous a aussi introduits dans une nouvelle ère de mouvement divin sans précédent et de restauration de notre gloire perdue.

Cependant, il existe encore une grande ignorance, un manque de foi, et une certaine légèreté dans l'attitude de beaucoup face à cet événement extraordinaire. Naturellement, les merveilles et les richesses multiples qui découlent de la résurrection leur échappent encore. Cette réalité préoccupante a été le moteur de l'inspiration pour ce livre. À travers ces pages, vous découvrirez des révélations puissantes sur les multiples dimensions et implications de la résurrection. Vous découvrirez des vérités transformatrices sur la signification de la résurrection pour l'humanité en général, et pour vous en particulier.

Avec des preuves abondantes tirées des Écritures et de la vie réelle, vous verrez comment une rencontre avec le Sauveur ressuscité peut repositionner votre vie, renouveler votre foi et vous réveiller à un sens plus profond de votre destinée. En essence, ce livre n'est pas simplement une exploration théologique, mais une invitation à rencontrer le Christ triomphant. C'est un appel à embrasser la réalité vivifiante de la puissance de la résurrection et à lui permettre de pénétrer chaque aspect de votre être, se reflétant dans votre approche globale de la vie et de l'éternité.

Que vous soyez un nouveau converti ou un croyant expérimenté en quête de révélations spirituelles plus profondes, que les vérités contenues dans ce livre enrichissent votre foi, enflamment votre esprit, et vous inspirent à vivre chaque jour dans la puissance du Sauveur ressuscité, Jésus-Christ !

1
LA GRANDE PROCLAMATION : IL EST RESSUSCITÉ !

Il sortit du tombeau triomphant ;
Par une victoire puissante sur ses ennemis ;
Il sortit en Vainqueur du royaume des ténèbres,
Et Il vit à jamais, pour régner avec Ses saints.
Il est ressuscité ! Il est ressuscité ! Alléluia !
Christ est ressuscité !
– ROBERT LOWRY

C'était juste avant l'aube, un dimanche matin, le troisième jour après la mort de Jésus-Christ. La ville de Jérusalem dormait encore dans un silence sombre, portant toujours le poids de cet événement bouleversant. Pour Ses disciples, en particulier, ainsi que pour les multitudes qui avaient été bénies par Sa vie et Son ministère, la crucifixion avait jeté un voile de tristesse sur leurs cœurs, les laissant déconcertés et accablés de douleur. Pourtant, alors que la première lumière du jour commençait à illuminer l'horizon, un groupe de femmes qui L'avaient fidèlement suivi se mit en route pour Son tombeau.

Parmi elles se trouvait Marie de Magdala, le cœur lourd de chagrin, avançant lentement, chaque pas ravivant les souvenirs douloureux de la crucifixion. Il y avait aussi Marie, la mère de Jacques, et Salomé, leurs cœurs accablés de tristesse mais leur dévotion intacte. Portant des aromates pour embaumer le corps de leur Maître bien-aimé, elles se dirigèrent vers le tombeau où Jésus avait été déposé.

En s'approchant, leurs yeux scrutaient la pénombre à la recherche de la pierre massive qui scellait l'entrée, se demandant comment elles pourraient la rouler. À leur grande surprise, elles virent la pierre roulée, et l'entrée grande ouverte. La peur les saisit un instant : qui avait bien pu faire cela ? Le corps de leur Seigneur avait-il été volé ?

Leurs cœurs battant à tout rompre, elles regardèrent à l'intérieur du tombeau—et ce qu'elles virent leur coupa le souffle.

Il n'y avait pas de corps.

Les linges funéraires étaient soigneusement pliés et posés de côté, comme si le corps qu'elles étaient venues embaumer avait simplement disparu.

« Où est-Il ? » murmura Marie de Magdala, la voix tremblante d'émotion.

« Il n'est pas ici, » répondit Marie, la mère de Jacques.

À ce moment-là, leur peur se transforma en confusion, et la confusion se mêla à l'incrédulité alors qu'elles tentaient de comprendre le spectacle devant elles. Soudain, deux hommes en vêtements éclatants se tinrent à leurs côtés, et leurs paroles résonnèrent dans le silence du matin :

« POURQUOI CHERCHEZ-VOUS LE VIVANT PARMI LES MORTS ? IL N'EST PAS ICI, MAIS IL EST RESSUSCITÉ ! » Puis ils ajoutèrent : *« Souvenez-vous de ce qu'il vous a dit, lorsqu'il était encore en Galilée : 'Il faut que le Fils de l'homme soit livré entre les mains des pécheurs, qu'il soit crucifié et qu'il ressuscite le troisième jour.' »*

Avec cette proclamation remarquable, et le souvenir que Christ avait bel et bien prophétisé Sa mort et Sa résurrection, tout changea en un instant. Pour ces femmes, l'aurore éclata d'une lumière nouvelle, comme si le monde lui-même reconnaissait qu'il venait de se produire quelque chose d'unique. En cet instant, la lumière de l'espérance perça les ténèbres qui enveloppaient leurs âmes. La réalisation que leur Sauveur avait véritablement vaincu la mort, comme Il l'avait promis, les remplit d'une joie indescriptible.

Alors qu'elles reprenaient le chemin des rues de Jérusalem, leurs pas s'accélérèrent, portés par un nouvel élan d'espoir et de mission. Elles avaient été témoins d'un miracle spectaculaire qui allait changer le cours de l'histoire pour toujours. Ainsi, alors que le soleil se levait prophétiquement sur Jérusalem, projetant sa lumière dorée sur la ville, la nouvelle de la résurrection de Jésus commença à se répandre, à commencer par Ses disciples.

Naturellement, il y eut des doutes et de la confusion au début ; mais ceux-ci cédèrent bientôt la place à des explosions de louange triomphante, alors que le peuple de Dieu comprenait qu'il s'agissait, en effet, d'une aube nouvelle d'espérance, de joie et d'assurance de la vie éternelle pour tous ceux qui croient dans le Sauveur ressuscité. Le chant dans leurs cœurs et sur leurs lèvres faisait écho à celui du Psalmiste dans Psaume 126:1-3 :

Quand l'Éternel ramena les captifs de Sion,

Nous étions comme ceux qui font un rêve.

Alors notre bouche était remplie de rires,

Et notre langue de chants d'allégresse ;

Alors on disait parmi les nations :

« L'Éternel a fait pour eux de grandes choses ! »

L'Éternel a fait pour nous de grandes choses ;

Nous sommes dans la joie.

Ma prière pour toi, cher lecteur, est que, en cette saison même, il y ait une restauration soudaine de tes biens dans tous les domaines de ta vie. Toute perte que tu as subie sera renversée, et chaque épreuve deviendra un témoignage. Par la puissance du Christ ressuscité, tu recevras « *un diadème au lieu de la cendre, une huile de joie au lieu du deuil, un vêtement de louange au lieu d'un esprit abattu* » (Ésaïe 61:3, LSG).

UNE QUASI-DÉSILLUSION

Pour pleinement apprécier la joie immense qu'ont éprouvée les disciples et les autres croyants à l'annonce de la résurrection de Jésus, il faut d'abord comprendre la profondeur de la déception et de la consternation dans laquelle ces mêmes personnes avaient sombré quelques jours auparavant. Leur état d'esprit est parfaitement exprimé par la lamentation des deux disciples sur le chemin d'Emmaüs :

« *Ils lui dirent : Ce qui s'est passé au sujet de Jésus de Nazareth, qui était un prophète puissant en œuvres et en paroles devant Dieu et devant tout le peuple ; et comment les principaux sacrificateurs et nos chefs l'ont livré pour être condamné à mort, et l'ont crucifié. Nous espérions que ce serait lui qui délivrerait Israël…* » (Luc 24:19-21, LSG).

La vérité, comme ces versets le révèlent, c'est que de grandes attentes reposaient sur Jésus-Christ, car les gens avaient placé en Lui une immense espérance. Bien que certaines de ces attentes (comme celles exprimées sur le chemin d'Emmaüs) aient été mal orientées, il n'en demeure pas moins que la vie et le ministère de Jésus avaient éveillé un grand espoir chez le peuple.

Pour mieux comprendre, Son ministère avait commencé à l'un des moments les plus sombres de l'histoire du peuple juif. Non seulement ils étaient politiquement opprimés par le régime dictatorial des autorités romaines, mais ils étaient aussi lourdement accablés par les excès religieux des pharisiens et des sadducéens.

Ainsi, grâce à Son enseignement libérateur et puissant de la Parole de Dieu (Marc 1:21-28), combiné aux miracles divers et sans précédent qu'Il accomplissait, la majorité du peuple avait fini par accepter Jésus comme le Messie tant attendu. Ils Le considéraient comme « l'Oint » envoyé non seulement pour raviver leur foi et les ramener à Dieu, mais aussi pour les libérer de la tyrannie de l'Empire romain. Leur confiance en Lui était si forte, et leur besoin de délivrance si pressant, qu'ils avaient même songé à Le faire roi de force (Jean 6:15).

Les disciples, en particulier, s'étaient tellement attachés à Jésus qu'ils avaient tout abandonné pour Le suivre. Un jour, Il leur avait demandé s'ils voulaient aussi partir, et leur réponse fut :

« Seigneur, à qui irions-nous ? Tu as les paroles de la vie éternelle. Et nous avons cru et nous avons connu que tu es le Christ, le Saint de Dieu. » (Jean 6:68-69). À un autre moment, Il leur posa cette question : *« Qui dit-on que je suis, moi, le Fils de l'homme ? Ils répondirent : « Les uns disent que tu es Jean-Baptiste ; les autres, Élie ; les autres, Jérémie, ou l'un des prophètes. »* Puis Il leur demanda : *« Et vous, qui dites-vous que je suis ? »* Simon Pierre répondit : *« Tu es le Christ, le Fils du Dieu vivant. »* (Matthieu 16:13-16).

Cette foi solide en la divinité et l'omnipotence de Jésus avait conduit les disciples à Lui promettre fidélité, même au prix de leur vie (Matthieu 26:35). Vous pouvez donc imaginer leur confusion et leur désespoir lorsque, sous leurs yeux, celui qu'ils considéraient comme leur libérateur fut capturé et traité comme un vulgaire criminel. Et Il semblait incapable de se défendre ou de se libérer Lui-même ! Était-Il vraiment ce qu'Il prétendait être, ou avaient-ils été dupés pendant tout ce temps par un imposteur ?

Pas étonnant que les disciples L'aient abandonné peu après Son arrestation. Même Pierre, qui avait juré de Le défendre jusqu'à la mort, ne tarda pas à Le renier trois fois. Il alla jusqu'à L'appeler « cet homme », sans plus aucune trace d'admiration ! Voilà l'étendue de leur désillusion.

La crucifixion elle-même fut une scène publique de honte et

de dérision, Jésus étant suspendu là, impuissant, après avoir été dépouillé, fouetté, giflé, frappé, humilié et couvert de blessures. Ceux qui croyaient encore en Lui s'accrochaient désespérément à un dernier fil d'espoir, pensant qu'Il accomplirait un miracle—après tout, Il avait attendu que Lazare meure avant d'aller le ressusciter.

Mais au lieu de paroles d'autorité et de puissance comme ils en avaient tant entendu de Lui, ce furent des cris d'angoisse qu'ils entendirent—de la soif, du sentiment d'abandon ! Même lorsque la foule moqueuse Le défia de se sauver Lui-même comme Il avait sauvé les autres, Il ne fit absolument rien.

Lorsqu'Il rendit finalement l'esprit, les disciples furent non seulement déçus et humiliés, mais aussi confus et bouleversés. Ils avaient perdu tout espoir et ne savaient plus ce que l'avenir leur réservait. Était-ce pour cela qu'ils avaient sacrifié leur vie ?

Pas étonnant qu'un commentaire biblique ait décrit la mort du Christ comme l'événement le plus choquant et désespérant de l'histoire !

UNE PERSPECTIVE PERSONNELLE

Prends un instant pour te mettre dans la peau des disciples, afin de mieux saisir la profondeur de leur désarroi. Imagine que tu suis un homme dont tu es convaincu qu'Il est Dieu fait chair. À présent, Il est entre les mains des autorités romaines. Tu te frayes un chemin à travers la foule pour apercevoir ton Sauveur, et tu Le trouves meurtri et ensanglanté. La foule hurle contre celui que tu aimes et adores : *« Crucifie-Le ! »*

Bien qu'aucune faute ne soit trouvée en Lui, le gouverneur romain, Ponce Pilate, cède à la pression. Il condamne Jésus à mort, et les soldats romains L'emmènent sans tarder. Tu les suis aussi vite que possible.

Tu arrives au quartier général du gouverneur. Collant ton oreille contre le mur, tu entends les moqueries des soldats. Jetant un coup d'œil par une fenêtre, tu vois Jésus humilié, debout devant ceux qu'Il est venu sauver. Une couronne d'épines sur la tête, du sang coule le long de Son visage. Coup après coup, les Romains Le frappent en criant : *« Salut, roi des Juifs ! »* (Marc 15:18).

La confusion t'envahit. De tes propres yeux, tu as vu Jésus nourrir des milliers de personnes avec seulement quelques pains et poissons. Tu étais là quand Il a ressuscité un homme nommé Lazare, et tu l'as vu sortir de son tombeau. Tu L'as vu rendre la vue aux aveugles et faire marcher les boiteux. Pourquoi reste-t-Il là sans rien faire ?

Ensuite, les soldats Le conduisent sur une colline. Ils Le crucifient. Tandis qu'ils enfoncent les clous dans Ses mains et Ses pieds, Ses cris de douleur transpercent tes oreilles et te brisent le cœur. Nu et mourant, Jésus prononce parmi Ses dernières paroles : *« Mon Dieu, mon Dieu, pourquoi m'as-tu abandonné ? »* (Marc 15:34). Peu après, Il rend Son dernier souffle. Et pour confirmer Sa mort, un soldat perce Son côté avec une lance, et aussitôt, du sang et de l'eau en jaillissent (Jean 19:34).

Soudain, un sentiment de désespoir total t'envahit. Il était Celui qui devait te sauver de la mort ! Il avait dit être venu pour donner la vie. Tu es sans espoir, confus, abattu. Jésus a été tué. Celui que tu considérais comme Dieu est mort. Imagine cela un instant. Une détresse et un désespoir monumentaux !

LE DERNIER MOT

Mais grâce soient rendues à Dieu, car ni les ennemis humains du Christ, ni les forces des ténèbres, ni la tombe n'ont eu le dernier mot sur Lui. Comme Il l'avait prédit, Jésus a brisé les chaînes de la mort et est sorti du tombeau avec puissance et majesté.

C'est cette victoire qui a transformé la réalité des disciples et de tous ceux dans le monde entier qui croiraient en Son nom. Tout à coup, pour les disciples et les croyants, la peur et la tristesse ont fait place à la joie ! La mauvaise nouvelle est devenue bonne nouvelle ! La noirceur s'est changée en lumière. La misère en bénédiction. Le désespoir en espérance. Et la nuit sombre en jour glorieux !

En fin de compte, la résurrection prouve puissamment que tout ce que l'humanité a détruit, la Divinité peut le restaurer ! Je déclare sur toi et sur ta famille, dès maintenant, que ton espérance, ta joie et ta destinée sont restaurées, au nom de Jésus !

2
PREUVES DE LA RÉSURRECTION

> « Je ne connais aucun fait dans l'histoire de l'humanité qui soit prouvé par des preuves meilleures et plus complètes que le grand signe que Dieu nous a donné — que Christ est mort et ressuscité des morts. ».
> – THOMAS ARNOLD

The Le théologien renommé et ministre à la radio, John Vernon McGee, reçut un jour une lettre d'une dame qui écoutait son programme. Elle écrivait :

« Notre professeur a dit que Jésus s'était seulement évanoui sur la croix et que les disciples L'avaient soigné jusqu'à ce qu'Il retrouve la santé. Qu'en pensez-vous ? »

Sachant que ce soi-disant professeur devait faire partie de ceux qui colportent la « théorie de l'évanouissement » — selon laquelle Jésus ne serait pas réellement mort sur la croix, mais simplement inconscient lorsqu'Il fut mis dans le tombeau, et qu'Il s'y serait ensuite réveillé — McGee donna une réponse intéressante. Il écrivit :

« Chère sœur, fouettez votre professeur avec un fouet en cuir. Clouez-le à une croix. Suspendez-le en plein soleil pendant six heures. Percez-lui le cœur avec une lance. Embaumez-le. Enfermez-le dans un tombeau sans air pendant trois jours. Et voyez ce qui se passe. »

En effet, les merveilles et les vérités qui entourent la résurrection de Jésus-Christ sont telles que personne ne peut les nier sans se ridiculiser soi-même. Rappelons rapidement trois de ces vérités, non seulement pour faire taire les détracteurs, mais surtout pour fortifier notre foi et nous positionner afin de jouir pleinement des bénédictions multiples que la résurrection nous a apportées.

1. LE TOMBEAU VIDE

Le fait que le tombeau de Jésus-Christ ait été retrouvé vide est confirmé dans les quatre Évangiles du Nouveau Testament. La cohérence de ces multiples sources rend la résurrection indéniable. Tous ceux qui ont visité le tombeau — à commencer par les femmes qui étaient venues pour embaumer le corps du Christ — ont constaté qu'il était vide. Fait remarquable, ces mêmes personnes avaient été témoins de la série brutale d'événements ayant conduit à Sa mort et à Son enterrement.

Quant à la certitude de Sa mort, les Écritures ne laissent aucun doute sur les diverses mesures prises pour s'en assurer avant que le processus d'ensevelissement ne commence. Par exemple, lorsque le conseil dirigeant juif demanda que les corps des crucifiés, y compris celui de Jésus, soient descendus des croix en raison de l'approche du sabbat, les autorités durent d'abord s'assurer qu'ils étaient bel et bien morts.

Jean 19:31-34 rapporte :

> *« Dans la crainte que les corps ne restent sur la croix pendant le sabbat, — car c'était la préparation, et ce jour de sabbat était un grand jour, — les Juifs demandèrent à Pilate qu'on rompe les jambes aux crucifiés, et qu'on les enlève. Les soldats vinrent donc, et ils rompirent les jambes au premier, puis à l'autre qui avait été crucifié avec lui. S'étant approchés de Jésus, et le voyant déjà mort, ils ne lui rompirent pas les jambes ; mais un des soldats lui perça le côté avec une lance, et aussitôt il sortit du sang et de l'eau. »*

Encore une fois, lorsque Joseph d'Arimathée — qui avait été témoin de la mort de Jésus — demanda la permission d'ensevelir Son corps, Pilate prit soin de vérifier l'information. Selon Marc 15:42-45 :

> *« Le soir étant venu, comme c'était la préparation, c'est-à-dire la veille du sabbat, arriva Joseph d'Arimathée, conseiller de distinction,*

> *qui attendait aussi lui-même le royaume de Dieu ; il osa se rendre vers Pilate, pour demander le corps de Jésus. Pilate s'étonna qu'il fût mort si tôt ; fit venir le centenier, et lui demanda s'il était mort depuis longtemps. S'en étant assuré par le centenier, il donna le corps à Joseph. »*

Cela réduit à néant la théorie de l'évanouissement et toutes les autres fables sans fondement.

Comme mentionné plus haut, certaines des personnes ayant assisté à la crucifixion de Jésus furent également témoins de Son ensevelissement. Luc 23:55-56 dit, par exemple :

> *« Les femmes qui étaient venues de la Galilée avec Jésus accompagnèrent Joseph, virent le sépulcre et la manière dont le corps de Jésus y fut placé. Elles s'en retournèrent, et préparèrent des aromates et des parfums. Puis elles se reposèrent le jour du sabbat, selon la loi. »*

Les femmes avaient suivi Joseph pour savoir avec exactitude dans quel tombeau Jésus serait déposé. Elles prévoyaient de L'embaumer après le sabbat. En réalité, ce à quoi elles s'attendaient en revenant le dimanche matin, c'était à trouver un cadavre en voie de décomposition. Mais ce qu'elles découvrirent fut un miracle stupéfiant et bouleversant.

Ma prière pour toi aujourd'hui, c'est que tous ceux qui t'ont connu autrefois, et qui n'attendaient rien de bon de ta vie, soient choqués par un revirement miraculeux, au nom de Jésus !

Pour mieux comprendre l'importance de ce miracle du tombeau vide, il faut se rappeler les efforts méticuleux déployés par les autorités pour empêcher tout accès au tombeau par un intrus ou un « imposteur », comme les autorités nerveuses l'avaient qualifié.

« Le lendemain, qui était le jour après la préparation, les principaux sacrificateurs et les pharisiens allèrent ensemble auprès de Pilate, et dirent : Seigneur, nous nous souvenons que cet imposteur a dit, quand il vivait encore : Après trois jours je ressusciterai. Ordonne donc que le sépulcre soit gardé jusqu'au troisième jour, afin que ses disciples ne viennent pas dérober le corps, et dire au peuple : Il est ressuscité des morts. Cette dernière imposture serait pire que la première. Pilate leur dit : Vous avez une garde ; allez, gardez-le comme vous l'entendrez. Ils s'en allèrent, et s'assurèrent du sépulcre au moyen de la garde, après avoir scellé la pierre. »
(Matthieu 27:62-66)

Ce que je veux que tu notes ici, tout d'abord, c'est que les chefs religieux n'ont demandé qu'une surveillance de trois jours sur le tombeau, car ils savaient que Jésus avait dit qu'Il ressusciterait le troisième jour. Cela montre qu'ils étaient absolument certains de Sa mort, et qu'ils considéraient Sa résurrection comme une impossibilité. Leur inquiétude portait uniquement sur la possibilité que quelqu'un accède au corps avant l'expiration des trois jours et propage la rumeur qu'Il était ressuscité.

Ils ont donc tout mis en œuvre pour rendre le tombeau inaccessible à tout humain.

Mais le Dieu Tout-Puissant les a surpris d'une manière qu'ils n'auraient jamais imaginée :

« Et voici, il se fit un grand tremblement de terre ; car un ange du Seigneur descendit du ciel, vint rouler la pierre, et s'assit dessus. Son aspect était comme l'éclair, et son vêtement blanc comme la neige. Les gardes tremblèrent de peur, et devinrent comme morts. » (Matthieu 28:2-4)

Alléluia !

À propos, permets-moi de te rappeler que, pendant que les femmes — qui seraient finalement les premières à être témoins de la résurrection — se rendaient au tombeau, la grosse pierre à l'entrée du sépulcre était une source majeure d'inquiétude pour elles. Elles ne cessaient de se demander :

« Qui nous roulera la pierre de l'entrée du sépulcre ? » (Marc 16:3).

Mais tu sais quoi ? Cela ne les a pas empêchées de poursuivre leur mission. Elles ont fait un pas de foi, et la puissance de résurrection du Dieu Tout-Puissant est venue à leur secours.

« En levant les yeux, elles aperçurent que la pierre, qui était très grande, avait été roulée. » (Marc 16:4). Gloire à Dieu !

Je te lance un défi aujourd'hui : quelle que soit l'inspiration que tu as reçue pour accomplir une chose, avance par la foi, sans te laisser arrêter par les défis visibles ou prévisibles. Je t'assure qu'au moment où tu arriveras à destination, toute pierre de difficulté aura été roulée, au nom puissant de Jésus.

Je déclare sur ta vie que, par la puissance de la résurrection, toute pierre qui empêche l'accomplissement du plan et du dessein de Dieu pour ta vie sera ôtée par le Seigneur, et Il s'assiéra dessus, au nom puissant de Jésus. Et tu marcheras avec assurance dans le dessein et le programme que Dieu a pour toi, au nom de Jésus.

Je prophétise sur ta vie que la puissance de Dieu annulera tout dégât que l'ennemi a causé dans ta vie et dans ta famille. Toute forteresse de limitation et tout joug destiné à te maintenir à terre est arraché aujourd'hui, au nom de Jésus !

Toujours à propos du tombeau vide, il est intéressant de noter que même les autorités juives et les soldats romains chargés de surveiller le corps ont reconnu cette vérité. Selon Matthieu 28:11-15 :

« Pendant qu'elles étaient en chemin, quelques hommes de la garde entrèrent dans la ville et annoncèrent aux principaux sacrificateurs tout ce qui était arrivé. Ceux-ci, après s'être assemblés avec les anciens et avoir tenu conseil, donnèrent aux soldats une forte somme d'argent, en disant : Dites : Ses disciples sont venus de nuit, et l'ont dérobé pendant que nous dormions. Et si le gouverneur l'apprend, nous l'apaiserons, et nous vous tirerons de peine. Les soldats prirent l'argent, et suivirent les instructions qui leur furent données. Et ce bruit s'est répandu parmi les Juifs, jusqu'à ce jour. »

En soudoyant les soldats pour qu'ils répandent un faux récit sur le vol du corps de Jésus, les chefs juifs ont, de manière implicite, confirmé que le tombeau était bel et bien vide !

2. APPARITIONS POST-RÉSURRECTION

Peu après Sa résurrection, Jésus se manifesta en personne à Ses disciples et à d'autres croyants à plusieurs reprises pendant une période de 40 jours. Et tu sais quoi ? Aucun de ceux qui L'ont vu ne fut plus jamais le même. Actes 1:3 raconte :

« Après qu'il eut souffert, il se présenta vivant à eux, avec plusieurs preuves, se montrant à eux pendant quarante jours, et parlant des choses qui concernent le royaume de Dieu. »

Je veux attirer rapidement ton attention sur un point important. Comme nous allons le voir sous peu, la plupart des personnes à qui le Christ ressuscité est apparu étaient des gens à qui l'on ne s'attendrait pas : des femmes, souvent jugées indignes à l'époque, ou des hommes qui L'avaient renié ou douté de Sa divinité et de Sa résurrection.

Mais bien sûr, en tant que Maître stratégique, Jésus ne s'est pas manifesté à eux simplement pour faire sensation, mais pour accomplir des objectifs précis dans leurs vies. Et je crois qu'Il accomplira encore plus dans ta vie ! Alors, ne te disqualifie pas toi-même, et ne te crois pas trop indigne pour être visité et transformé par le Christ ressuscité. Si aujourd'hui tu L'invites dans ta vie et que tu Le reçois comme ton Sauveur et Seigneur, Il fera quelque chose d'extraordinaire de ta vie !

Ce qui est aussi remarquable, c'est que beaucoup de ceux à qui le Christ ressuscité est apparu ne L'ont pas reconnu immédiatement — alors même qu'ils L'avaient accompagné durant tout Son ministère. Cela se produit encore aujourd'hui : nombreux sont ceux qui assistent à des programmes d'église et côtoient des serviteurs de Dieu, mais ne semblent jamais voir Dieu Lui-même.

Je prie pour toi aujourd'hui : que Dieu se révèle à toi en cette saison. Et que toute écaille qui t'empêche de voir Jésus dans ta vie et dans chaque situation soit ôtée par la puissance de la résurrection.

- **MARIE DE MAGDALA**

Marie de Magdala fut la première à voir Jésus ressuscité. Oui — la même Marie de Magdala dont Il avait chassé sept démons ! (Luc 8:2). D'après Jean 20:11-18, elle L'a rencontré à l'extérieur du tombeau, pensant d'abord qu'Il était le jardinier, jusqu'à ce qu'Il se révèle à elle en l'appelant par son nom.

Apparemment, il y avait quelque chose dans la façon dont le Seigneur a dit « Marie » que seule elle pouvait reconnaître. Et, jetant loin le voile de tristesse et de désespoir qui l'enveloppait, elle s'écria, remplie d'une joie indicible :

« Rabbouni ! » (ce qui signifie Maître) (Jean 20:16).

Sois assuré, lecteur, que le Seigneur connaît ton nom, et qu'Il t'appellera et te parlera d'une manière qui atteindra la profondeur de ton âme, dissipant toutes tes peurs et tous tes doutes. Je prie que tu aies la même rencontre avec Lui que Marie de Magdala !

L'un des facteurs clés qui a permis à Marie de Le voir en premier fut sa persévérance. Selon l'Évangile de Jean, lorsqu'elle vit le tombeau vide, sa première réaction fut de courir prévenir les disciples. Ce fut cela qui poussa Pierre et Jean à se rendre eux aussi au tombeau. Et tu sais quoi ? Marie y retourna avec eux ; et même après que les disciples eurent confirmé que le tombeau était vide et soient repartis, elle resta sur place, en pleurs. Puis, elle décida de jeter un nouveau coup d'œil dans le tombeau, et c'est là qu'elle vit deux anges assis à l'intérieur. Peu après, elle se retourna et vit le Seigneur ressuscité Lui-même !

Qu'est-ce que cela nous enseigne ?

Si tu cherches Jésus avec persistance, Il se révélera à toi — que ce soit pour Le connaître davantage (Philippiens 3:10), ou pour voir un problème résolu.

Dieu a promis :

> *« Vous me chercherez, et vous me trouverez, si vous me cherchez de tout votre cœur. » (Jérémie 29:13)*

• LES DISCIPLES SUR LE CHEMIN D'EMMAÜS

Deux disciples de Jésus marchaient vers le village d'Emmaüs lorsque Jésus leur apparut. Mais ils ne Le reconnurent pas immédiatement. Ils parlèrent avec Lui des événements récents, et ce ne fut qu'au moment où Il rompit le pain avec eux qu'ils réalisèrent qu'il s'agissait bien de Jésus (Luc 24:13-35).

Qu'y avait-il donc de si spécial dans le fait de rompre le pain, au point d'ouvrir soudainement les yeux des disciples ? C'était la manière inimitable dont le Sauveur l'a fait. On ne peut pas avoir une véritable rencontre avec Christ sans être transformé !

Et le moment le plus doux fut le témoignage des disciples à propos des paroles de Jésus. Tout comme pour Marie, leur esprit fut puissamment remué. Ils dirent :

« Notre cœur ne brûlait-il pas au-dedans de nous, lorsqu'il nous parlait en chemin et nous expliquait les Écritures ? » (Luc 24:32).

Je déclare à nouveau que la bonne parole et la rencontre qu'il te faut pour transformer ta vie et ta destinée seront déposées dans ton esprit aujourd'hui par la puissance du Christ ressuscité !

- **LES DISCIPLES DANS LA CHAMBRE HAUTE**

Selon Luc 24:36-49 et Jean 20:19-23, Jésus apparut à Ses disciples dans une pièce fermée à clé à Jérusalem. Il leur montra Ses mains et Ses pieds pour prouver qu'Il n'était pas un fantôme, mais réellement ressuscité. Comme pour tous ceux qui rencontrèrent le Christ ressuscité, les disciples ne furent pas laissés sans impact.

Jean 20:20-22 déclare :

« Les disciples furent dans la joie en voyant le Seigneur. Jésus leur dit de nouveau : La paix soit avec vous ! Comme le Père m'a envoyé, moi aussi je vous envoie. Après ces paroles, il souffla sur eux, et leur dit : Recevez le Saint-Esprit. »

Toute visitation du Seigneur vient avec une impartation inoubliable. Cherche-Le, et tu recevras la tienne !

3. THOMAS

Quel Sauveur compatissant et attentionné nous avons ! Comme le révèlent clairement les Écritures, lorsque Jésus ressuscité apparut aux disciples dans la chambre haute, Thomas n'était pas présent. Il continua donc à douter de la résurrection. Jésus dut ainsi programmer une autre visitation spécialement pour Thomas, exactement une semaine plus tard, lui proposant de toucher Ses cicatrices !

Comme on pouvait s'y attendre, cette expérience eut un effet transformateur sur Thomas. Si la femme souffrant d'une perte de sang fut délivrée simplement en touchant le bord du vêtement de Jésus, imagine l'impact de Thomas touchant les plaies mêmes du Seigneur ! Les murs du doute et de l'incrédulité furent immédiatement renversés et Thomas s'écria :

« Mon Seigneur et mon Dieu ! » (Jean 20:24-29).

Alors que tu rencontres le Sauveur en cet instant, toute

forteresse qui résiste au mouvement de Dieu dans ta vie est brisée, au nom de Jésus !

- **PIERRE ET LES AUTRES DISCIPLES**

Tout comme notre Sauveur aimant l'a fait pour Thomas — en tenant compte de son état spirituel et psychologique — Il en fit autant pour Pierre. En réalité, l'attention particulière portée à Pierre par le Christ ressuscité se manifesta immédiatement après la résurrection. Sachant combien Pierre devait être accablé et honteux de L'avoir renié à plusieurs reprises, le Christ ressuscité lui envoya un message spécial par l'ange au tombeau :

« Ne vous effrayez pas ; vous cherchez Jésus de Nazareth, qui a été crucifié ; il est ressuscité, il n'est point ici ; voici le lieu où on l'avait mis. Mais allez dire à ses disciples, et à Pierre, qu'il vous précède en Galilée : c'est là que vous le verrez, comme il vous l'a dit. » (Marc 16:6-7)

Jésus mentionna le nom de Pierre spécifiquement pour lui rappeler Son amour inébranlable et Son pardon. Pourtant, malgré ce message, Pierre semblait toujours se sentir rejeté et indigne de continuer en tant que disciple. Il croyait que tout était fini pour lui, ainsi que pour toutes les belles promesses que Christ avait faites à propos de son avenir. Tellement découragé, il annonça aux autres disciples qu'il retournait à la pêche, son ancienne activité.

Mais au moment opportun, le Christ ressuscité apparut pour restaurer Pierre et raviver en lui le zèle pour Dieu (voir Jean 21:1-19).

Fait intéressant, comme dans les autres apparitions post-résurrection de Christ, cette rencontre fut aussi accompagnée de bénédictions abondantes :

> *« Après cela, Jésus se montra encore aux disciples, sur les bords de la mer de Tibériade. Voici de quelle manière il se montra. Simon Pierre, Thomas, appelé Didyme, Nathanaël, de Cana en Galilée, les fils de Zébédée, et deux autres de ses disciples étaient ensemble. Simon Pierre leur dit : Je vais pêcher. Ils lui dirent : Nous allons aussi avec toi. Ils sortirent, et montèrent dans une barque ; et cette nuit-là, ils ne prirent rien. Le matin étant venu, Jésus se trouva sur le rivage ; mais les disciples ne savaient pas que c'était Jésus. Jésus leur dit : Enfants, n'avez-vous rien à manger ? Ils lui répondirent : Non. Il leur dit : Jetez le filet du côté droit de la barque, et vous trouverez. Ils le jetèrent donc, et ils ne pouvaient plus le retirer, à cause de la grande quantité de poissons. Alors le disciple que Jésus aimait dit à Pierre : C'est le Seigneur ! »* (Jean 21:1-7)

Tu vois ce qui s'est passé ? Comment le Seigneur s'est-il révélé à eux ? En transformant instantanément leur échec en succès. Tu te souviens de ce que nous avons établi plus tôt ?

Toute visitation du Seigneur doit produire une impartation inoubliable dans ta vie.

Je décrète à cet instant que tu auras cette rencontre avec le Sauveur ressuscité qui transformera tous les échecs, les déceptions et les misères de ta vie en percées et en témoignages, au nom de Jésus.

- **L'ASCENSION**

La dernière apparition de Jésus rapportée dans la Bible est Son ascension au ciel. Quarante jours après Sa résurrection, Jésus conduisit Ses disciples sur le mont des Oliviers. Comme à d'autres moments, Il veilla à les bénir avant de monter au ciel sous leurs yeux (Luc 24:50-53 ; Actes 1:6-11).

Au total, l'apôtre Paul mentionne spécifiquement que le Christ ressuscité est apparu à plus de cinq cents personnes, y compris à ceux qui n'étaient pas Ses disciples. Parmi les plus marquants se trouvent Jacques (Son frère) et Paul lui-même ! Selon Paul :

> *« Je vous ai enseigné, avant tout, ce que j'avais aussi reçu : Christ est mort pour nos péchés, selon les Écritures ; il a été enseveli, et il est ressuscité le troisième jour, selon les Écritures ; et il est apparu à Céphas, puis aux douze. Ensuite, il est apparu à plus de cinq cents frères à la fois, dont la plupart sont encore vivants, et dont*

quelques-uns sont morts. Ensuite, il est apparu à Jacques, puis à tous les apôtres. Après eux tous, il m'est aussi apparu à moi, comme à l'avorton ; car je suis le moindre des apôtres, je ne suis pas digne d'être appelé apôtre, parce que j'ai persécuté l'Église de Dieu. »
(1 Corinthiens 15:3-9)

Nous reviendrons plus en détail sur l'expérience de Paul dans le prochain chapitre.

• LA TRANSFORMATION DES DISCIPLES

C'est peut-être la preuve la plus indéniable de la résurrection. Le changement radical de caractère, de courage et de conviction chez les disciples et tous ceux qui ont affirmé avoir rencontré le Christ ressuscité est, à tout le moins, phénoménal ! Et ce changement ne peut s'expliquer autrement que par le fait qu'ils ont vu et vécu quelque chose d'inoubliable et d'indiscutable.

Commençons par les disciples. Ce qui rend leur transformation si extraordinaire, c'est que même eux n'attendaient pas vraiment la résurrection. C'est ce qui les avait poussés à sombrer dans la tristesse après la mort de Jésus. Lorsque les femmes, dans leur état de douleur, se rendirent au tombeau et ne trouvèrent pas Son corps, l'idée qu'Il avait ressuscité ne leur vint même pas à l'esprit.

Ce n'est que lorsque les anges leur dirent :

« Il n'est pas ici, mais Il est ressuscité ! Souvenez-vous de quelle manière Il vous a parlé, lorsqu'Il était encore en Galilée. Il faut que le Fils de l'homme soit livré entre les mains des pécheurs, qu'Il soit crucifié, et qu'Il ressuscite le troisième jour. »

qu'« elles se souvinrent de Ses paroles. » (Luc 24:6-8)

Encore une fois, quand les femmes coururent annoncer la bonne nouvelle aux disciples, alors terrés dans la peur, la Bible rapporte que « ces paroles leur semblèrent une absurdité, et ils ne les crurent pas. » (Luc 24:11)

Maintenant, fais un saut rapide vers ce livre de la Bible rempli d'exploits missionnaires des mêmes disciples, un livre qui porte le nom de « Actes des Apôtres », et dis-moi ce qui s'est passé entre-temps. C'est l'impact du Christ ressuscité qu'ils ont vu !

Comme l'écrivit J.C. Ryle, premier évêque anglican de Liverpool : *« L'incrédulité des apôtres est l'une des preuves indirectes les plus fortes de la résurrection. S'ils étaient au départ si lents à croire, mais ensuite si convaincus au point de la prêcher partout, alors Christ est véritablement ressuscité. »*

Que les disciples aient fréquemment et courageusement prêché la résurrection ne fait aucun doute, et Pierre en est un bon exemple. Comme nous l'avons vu plus tôt, non seulement il avait, comme les autres, abandonné Jésus par peur, mais il avait aussi perdu tout zèle spirituel après Sa mort.

Cependant, après ses rencontres post-résurrection avec Jésus, il devint un homme totalement transformé, affranchi de toute peur. Lorsque les gens se moquèrent d'eux le jour de la Pentecôte parce qu'ils parlaient en langues, Pierre se leva courageusement et déclara :

« Hommes d'Israël, écoutez ces paroles ! Jésus de Nazareth, cet homme à qui Dieu a rendu témoignage devant vous par les miracles, les prodiges et les signes qu'il a opérés par lui au milieu de vous, comme vous le savez vous-mêmes ; cet homme, livré selon le dessein arrêté et selon la prescience de Dieu, vous l'avez crucifié, vous l'avez fait mourir par la main des impies. Dieu l'a ressuscité, en le délivrant des liens de la mort, parce qu'il n'était pas possible qu'il fût retenu par elle… » (Actes 2:22-24)

Comment un homme qui s'était autrefois effondré devant une simple servante et avait nié connaître Jésus est-il devenu soudainement le défenseur le plus intrépide de Sa résurrection ?

Tu connais déjà la réponse !

Et devine quoi ? Cette audace inébranlable et irrésistible se manifesta aussi chez les autres disciples et croyants tout au long de leur vie. En fait, la majorité d'entre eux choisirent d'être battus, lapidés, noyés, pendus ou décapités, tout en maintenant leur foi et leur témoignage sur la résurrection.

Voici comment quelqu'un l'a formulé :

« Les apôtres ont connu un changement dramatique. En quelques semaines, ils faisaient face à ceux-là mêmes qui avaient crucifié leur maître. Leur esprit était comme du fer. Ils devinrent inarrêtables dans leur détermination à tout sacrifier pour Celui qu'ils appelaient Sauveur et Seigneur. Même après avoir été emprisonnés, menacés, et interdits de parler au nom de Jésus, les apôtres dirent aux autorités juives :

'Il faut obéir à Dieu plutôt qu'aux hommes.' » (Actes 5:29)

En résumé, ces preuves irréfutables de la résurrection de Jésus apportent un message d'espérance, de courage et de destinée pour tous les chrétiens. Elles nous rappellent que Dieu est avec nous, et que Ses promesses sont vraies et fiables. Elles nous inspirent à vivre avec une foi inébranlable, une espérance vivante, et une pleine assurance — sachant que nous sommes les enfants du Christ ressuscité et glorifié !

3
CRUCIFIXION : LE DÉBUT DES BÉNÉDICTIONS DE LA RÉSURRECTION

« Par Sa mort sur la croix, Christ est devenu l'Agneau immolé pour nous, notre Rédempteur, Celui qui a rétabli la paix entre nous et Dieu, qui a porté notre culpabilité sur Lui, qui a vaincu notre ennemi le plus mortel et apaisé la juste colère de Dieu. »
— MARK DEVER

Les bénédictions qui ont accompagné la résurrection sont si nombreuses et multidimensionnelles que nous allons les explorer en profondeur dans un instant. Cependant, nous ne pouvons pas pleinement comprendre ce qui s'est passé lors de la résurrection du Christ sans revenir à Sa crucifixion et à Sa mort. Non seulement parce qu'il ne peut y avoir de résurrection sans mort, mais surtout parce que, dans le cas de Christ, les bénédictions de la résurrection sont en réalité l'aboutissement des bénédictions qui ont commencé avec la crucifixion.

Autrement dit, pour comprendre et jouir pleinement des bénédictions qui accompagnent la résurrection, nous devons d'abord considérer les merveilles qui ont débuté avec la crucifixion.

C'est manifestement l'ignorance de cette vérité qui a poussé les disciples de Jésus-Christ à être aussi dévastés par Sa mort. Selon leur compréhension et leur expérience, la mort était un ennemi redoutable, synonyme de fin de vie et de perte d'espoir. Ils aimaient avoir Jésus physiquement auprès d'eux, mais ne comprenaient pas qu'Il n'était pas venu pour vivre, mais pour mourir, afin que toute l'humanité puisse revivre.

Il leur avait pourtant donné cet indice avant Sa crucifixion :

« En vérité, en vérité, je vous le dis, si le grain de blé qui est tombé en terre ne meurt, il reste seul ; mais s'il meurt, il porte beaucoup de fruit. » (Jean 12:24)

Tu comprends donc pourquoi Jésus fut si direct dans Sa réponse aux deux disciples sur le chemin d'Emmaüs, qui se lamentaient de Sa mort. Il leur dit, sans ménagement :

« Ô hommes sans intelligence, et lents à croire tout ce qu'ont dit les prophètes ! Ne fallait-il pas que le Christ souffrît ces choses, et qu'il entrât dans sa gloire ? » (Luc 24:25-26)

UNE NÉCESSITÉ DOULOUREUSE

Jésus a clairement fait comprendre à Ses disciples que Sa mort n'était pas une tragédie, mais une nécessité. Les raisons de cette nécessité sont ce que nous allons examiner dans ce chapitre. Mais note bien que le fait que Jésus ait parlé positivement de Sa souffrance et de Sa mort ne signifie pas que cela ait été facile ou agréable pour Lui. Bien au contraire, ce fut l'expérience la plus atroce et la plus humiliante qu'on puisse imaginer.

Les anciens Romains réservaient la mort par crucifixion aux pires criminels, ceux jugés dignes du supplice le plus cruel et de l'humiliation la plus extrême. Comme l'explique Greg Gilbert : *« Chair déchiquetée contre du bois rugueux, clous de fer enfoncés à travers les os et les nerfs, articulations disloquées par le poids du corps, humiliation publique sous les yeux de la famille, des amis et du monde entier – voilà ce qu'était la mort sur la croix. »*

En fait, la mort par crucifixion était si horrible que même l'idée de devoir l'endurer fit souhaiter à Jésus qu'elle puisse être évitée. Mais Son amour pour l'humanité et Sa soumission à la volonté divine L'ont conduit à y passer. Voici comment Matthieu 26:36-39 décrit cette scène poignante : *« Là-dessus, Jésus alla avec eux dans un lieu appelé Gethsémané, et il dit à ses disciples : Asseyez-vous ici, pendant que je m'éloignerai pour prier. Il prit avec lui Pierre et les deux fils de Zébédée, et il commença à éprouver de la tristesse et des angoisses. Il leur dit alors : Mon âme est triste jusqu'à la mort ; restez ici, et veillez avec moi. Puis, s'étant avancé un peu plus loin, il se jeta sur sa face, en priant et disant : Mon Père, s'il est possible, que cette coupe s'éloigne de moi ! Toutefois, non pas ce que je veux, mais ce que tu veux. »*

Tu comprendras encore mieux l'état de profonde angoisse dans lequel se trouvait Jésus si tu réalises l'ampleur de l'agonie physique et psychologique qu'Il allait subir en choisissant de mourir sur la croix. Le prédicateur défunt Frederick Farrar en donne cette description détaillée :

« Une mort par crucifixion semble réunir tout ce que la douleur et la mort peuvent avoir d'horrible et d'effrayant — vertiges, crampes, soif, famine, insomnie, fièvre traumatique, honte, exposition publique de cette honte, tourment continu, terreur de l'anticipation, suppuration des plaies infligées — tout cela poussé jusqu'au point exact où cela reste supportable, sans jamais atteindre le soulagement de l'inconscience.

La position anormale rendait chaque mouvement douloureux ; les veines déchirées et les tendons écrasés pulsaient d'une douleur constante ; les blessures, enflammées par l'exposition, gangrénaient lentement ; les artères — surtout au niveau de la tête et de l'estomac — se gonflaient, surchargées de sang, et tandis que chaque forme de misère s'intensifiait, s'ajoutait à cela une soif brûlante et insupportable, et toutes ces complications physiques causaient une agitation intérieure telle que la perspective même de la mort — cet ennemi inconnu que l'homme redoute tant — en venait à apparaître comme un soulagement délicieux et attendu. »

Quelle expérience ! Ma prière fervente est que la souffrance et la mort de Christ ne soient pas vaines dans ta vie.

RÉDEMPTEUR PROMIS

Alors, la question revient : pourquoi Christ devait-Il endurer une telle horreur, conçue pour infliger une douleur et une honte maximales ? La réponse se trouve dans la chute de l'homme en Éden et dans la provision de rédemption que Dieu a immédiatement faite pour l'humanité.

Dans Genèse 3:15, Dieu dit au diable, représenté par le serpent : *« Je mettrai inimitié entre toi et la femme, entre ta postérité et sa postérité : celle-ci t'écrasera la tête, et tu lui blesseras le talon. »*

Dans le langage militaire, blesser le talon représente une frappe légère et temporaire, tandis que écraser la tête signifie une défaite fatale et irréversible. Dans notre passage, la tête du serpent représente sa force et l'arsenal de son venin mortel. Son écrasement signifie donc une défaite définitive.

La « postérité » de la femme est ici une prophétie sur Jésus, qui allait subir des blessures de la part de la postérité du serpent, afin de remporter une victoire totale sur lui et libérer l'humanité. Comme le dit 1 Jean 3:8 : « *Le Fils de Dieu a paru afin de détruire les œuvres du diable.* »

Tu sais probablement déjà comment l'humanité est tombée dans la captivité du diable à cause de la désobéissance ; mais au-delà de la chute se trouvent des implications graves et durables. Dès cet acte unique de désobéissance à Dieu, en cédant au séducteur, l'homme a été séparé spirituellement de Dieu et vendu sous la domination cruelle du diable.

En conséquence, l'humanité est devenue esclave non seulement du péché, mais aussi de l'affliction, de l'oppression, des maladies, des crises, et de toutes sortes de malheurs. C'est pourquoi Jésus a dit : « *Le voleur ne vient que pour voler, égorger et détruire ; moi, je suis venu afin que les brebis aient la vie, et qu'elles l'aient en abondance.* » (Jean 10:10)

Fondamentalement, c'est pour que nous puissions retrouver une vie sans limitation que Christ est venu souffrir et mourir. Comme l'a bien résumé John Piper : « *Dieu ne se contente pas de laisser les hommes sous Sa colère. Il ne peut non plus simplement balayer le péché sous le tapis de l'univers. Ainsi, Son amour et Sa justice se conjuguent pour offrir un chemin de salut aux pécheurs, tout en satisfaisant la justice divine. La réponse, c'est la mort de Jésus-Christ.* »

Le prophète Ésaïe nous donne une description poignante

de tout ce que Jésus a enduré pour notre rédemption : « *Méprisé et abandonné des hommes, homme de douleur et habitué à la souffrance, semblable à celui dont on détourne le visage, nous l'avons dédaigné, nous n'avons fait de lui aucun cas. Cependant, ce sont nos souffrances qu'il a portées, c'est de nos douleurs qu'il s'est chargé ; et nous l'avons considéré comme puni, frappé de Dieu, et humilié. Mais il était blessé pour nos transgressions, brisé pour nos iniquités ; le châtiment qui nous donne la paix est tombé sur lui, et c'est par ses meurtrissures que nous sommes guéris. Nous étions tous errants comme des brebis, chacun suivait sa propre voie ; et l'Éternel a fait retomber sur lui l'iniquité de nous tous. Il a été maltraité et opprimé, et il n'a point ouvert la bouche ; semblable à un agneau qu'on mène à la boucherie, à une brebis muette devant ceux qui la tondent, il n'a point ouvert la bouche.* » *(Ésaïe 53:3-7)*

MAIS POURQUOI JÉSUS-CHRIST ?

C'est peut-être l'aspect du mystère de la rédemption qui continue à t'interroger. Pourquoi Dieu devait-Il envoyer « Son Fils unique » (Jean 3:16) pour mourir pour l'humanité ? Pourquoi un autre homme ne pouvait-il pas le faire ?

Voici la réponse : aucun homme ne pouvait le faire, car toute l'humanité était sous la captivité et la malédiction du péché. « *Car tous ont péché et sont privés de la gloire de Dieu.* » *(Romains 3:23)*

Souviens-toi que Dieu avait clairement averti le premier homme, Adam : « *Tu pourras manger de tous les arbres du jardin ; mais tu ne mangeras pas de l'arbre de la connaissance du bien et du mal, car le jour où tu en mangeras, tu mourras certainement.* » (*Genèse 2:16-17*)

C'était comme si Dieu offrait à l'homme le choix entre L'obéir et vivre éternellement, ou Lui désobéir et mourir éternellement. Et puisque l'homme a choisi de désobéir, la mort (perte de la nature divine et de ses privilèges) est naturellement survenue, affectant ainsi toute sa descendance et l'humanité entière.

Cela signifie que chaque homme naturel est incapable non seulement de se sauver lui-même, mais encore moins de sauver les autres. Comme le dit Romains 5:12-14 : « *Par un seul homme, le péché est entré dans le monde, et par le péché la mort ; et ainsi la mort s'est étendue sur tous les hommes, parce que tous ont péché.* »

Donc, si l'homme doit être racheté et restauré, un prix parfait doit être payé pour le péché, afin de satisfaire la justice d'un Dieu saint, et que la malédiction attachée à la chute soit levée. Mais quel homme était qualifié pour cela, puisque tous les hommes étaient dans le même état pécheur et impuissant ? C'est là que le Fils de Dieu, pur et sans péché, Jésus-Christ, devait entrer en scène.

Anselme de Cantorbéry, un grand théologien du XIe siècle, l'a expliqué ainsi : *« Il n'aurait pas été juste que la restauration de la nature humaine ne soit pas accomplie, et cela n'aurait pas pu se faire à moins que l'homme ne paie ce qu'il devait à Dieu pour le péché. Mais la dette était si grande que, bien que seul l'homme la doive, seul Dieu pouvait la payer — ainsi, il fallait que la même personne soit à la fois homme et Dieu. »*

J.C. Ryle ajoute également : *« La mort du Christ était nécessaire à notre salut. Sans elle, la loi de Dieu n'aurait jamais pu être satisfaite, le péché n'aurait jamais pu être pardonné, l'homme n'aurait jamais pu être justifié devant Dieu, et Dieu n'aurait jamais pu faire miséricorde à l'homme. »*

En résumé, Jésus devait venir et mourir parce que Dieu, dans Sa sainteté et Sa justice infinies, exigeait une peine proportionnée au péché de l'homme ; mais dans Sa compassion et Son amour infinis, Il a offert le sacrifice parfait que l'homme était trop faible et indigne pour offrir.

Quel Dieu merveilleux nous servons!

4
LES MERVEILLES DE LA MORT DU CHRIST

> « *Viens, et contemple les victoires de la croix. Les blessures du Christ sont tes guérisons, Ses agonies ton repos, Ses combats tes conquêtes, Ses gémissements tes chants, Ses douleurs ton soulagement, Sa honte ta gloire, Sa mort ta vie, Ses souffrances ton salut.* »
> — MATTHEW HENRY

Maintenant que nous comprenons ce qui a conduit à la mort du Christ avant Sa résurrection, quelles sont donc les bénédictions spécifiques qui ont été libérées en notre faveur par une telle souffrance et une telle mort cruelles ?

1. L'EXPIATION ET L'EFFACEMENT DU PÉCHÉ

Là, sur la croix, tous nos péchés ont simplement été transférés sur Jésus-Christ. Il a pris notre place comme celui qui avait offensé Dieu, tandis que Sa justice nous a été transférée.

Comme le dit 2 Corinthiens 5:21 : *« Celui qui n'a point connu le péché, il l'a fait devenir péché pour nous, afin que nous devenions en lui justice de Dieu. »*

En d'autres termes, la mort du Christ a satisfait les exigences de la justice divine et a totalement effacé notre énorme dette de péché envers Dieu. Ainsi, quiconque vient à Dieu aujourd'hui dans la repentance, peu importe le nombre ou la gravité de ses péchés, Christ les a tous payés, et Dieu, par Son sacrifice, pardonne et transfère Sa justice à cette personne. C'est ce qu'Ésaïe voulait dire en déclarant : *« L'Éternel a fait retomber sur lui l'iniquité de nous tous. »*

Pour mieux comprendre comment Jésus a accompli l'œuvre de porter les péchés de l'humanité, rappelle-toi le bouc émissaire utilisé lors du Jour des expiations dans l'Ancien Testament. Lévitique 16:20-22 dit : *« Quand il aura achevé de faire l'expiation dans le sanctuaire, dans la tente d'assignation et dans l'autel, il fera approcher le bouc vivant. Aaron posera ses deux mains sur la tête du bouc vivant, et il confessera sur lui toutes les iniquités des enfants d'Israël, toutes leurs transgressions et tous leurs péchés ; il les mettra sur la tête du bouc, puis il l'enverra dans le désert... Le bouc emportera sur lui toutes leurs iniquités dans une terre inhabitable... »*

Ainsi, comme Jésus a volontairement choisi de porter toute l'iniquité de l'humanité, Il a également porté le lourd châtiment qui l'accompagnait, apaisant ainsi la colère de Dieu.

Il a littéralement absorbé la colère divine dirigée contre l'humanité entière. Voilà pourquoi Il a dû endurer tant d'agonie et de honte. Comme nous l'avons déjà vu, le coût du péché est énorme et mortel. Toutefois, la raison pour laquelle nous pouvons simplement confesser nos péchés à Dieu et recevoir instantanément le pardon, c'est parce que Christ a payé cette dette en notre nom.

2. LA RÉCONCILIATION AVEC DIEU

L'un des plus grands miracles de la croix, c'est la réconciliation avec Dieu et la restauration de notre statut de création spéciale de Dieu.

1 Pierre 2:9-10 le déclare : « *Vous, au contraire, vous êtes une race élue, un sacerdoce royal, une nation sainte, un peuple acquis, afin que vous annonciez les vertus de celui qui vous a appelés des ténèbres à son admirable lumière ; vous qui autrefois n'étiez pas un peuple, et qui maintenant êtes le peuple de Dieu ; vous qui n'aviez pas obtenu miséricorde, et qui maintenant avez obtenu miséricorde.* »

Comment cela a-t-il été rendu possible ?

La réponse se trouve dans 1 Timothée 2:5-6 : « *Car il y a un seul Dieu, et aussi un seul médiateur entre Dieu et les hommes, Jésus-Christ homme, qui s'est donné lui-même en rançon pour tous.* »

Par Sa mort sur la croix, Jésus est devenu la rançon et le médiateur de paix entre Dieu et les hommes. Ainsi, au moment où nous venons à Dieu dans la repentance, en nous appropriant le sacrifice du Christ, nous sommes justifiés devant Dieu, comme si nous n'avions jamais péché.

Nous devenons une nouvelle création. 2 Corinthiens 5:17-19 le confirme : *« Si quelqu'un est en Christ, il est une nouvelle créature. Les choses anciennes sont passées ; voici, toutes choses sont devenues nouvelles. Et tout cela vient de Dieu, qui nous a réconciliés avec lui par Christ, et qui nous a donné le ministère de la réconciliation. Car Dieu était en Christ, réconciliant le monde avec lui-même, en n'imputant point aux hommes leurs offenses… »*

Avec cette réconciliation, nous recevons immédiatement la vie de Dieu en nous, et nous accédons automatiquement aux trésors de Son Royaume.

3. LA PUISSANCE POUR VIVRE DANS LA JUSTICE

Avant que Christ ne vienne s'offrir sur la croix, il existait des mesures temporaires pour l'expiation du péché. Nous avons vu plus haut l'exemple du bouc émissaire. Il y avait aussi les holocaustes et l'utilisation du sang d'agneaux, de taureaux et de boucs. Toutefois, ces sacrifices avaient leurs limites — la plus grande étant que, bien que le sang de ces animaux aidât à obtenir la miséricorde de Dieu, il ne pouvait pas libérer l'individu de l'esclavage du péché.

Même les prêtres qui aidaient le peuple à offrir ces sacrifices n'avaient pas le pouvoir de vivre selon la justice que la sainteté de Dieu exige. Vivre en obéissance à la Parole de Dieu était un combat quotidien.

Mais gloire soit rendue à Dieu, car Jésus a offert Son propre sang en expiation, et pour briser le joug du péché, une fois pour toutes. La justice est désormais une vie naturelle, et non plus un fardeau pénible à porter. Alléluia !

Hébreux 10:4-14 confirme cela : *« Car il est impossible que le sang des taureaux et des boucs ôte les péchés. C'est pourquoi Christ, entrant dans le monde, dit : Tu n'as voulu ni sacrifice ni offrande ; mais tu m'as formé un corps ; tu n'as agréé ni holocaustes ni sacrifices pour le péché. Alors j'ai dit : Voici, je viens… pour faire, ô Dieu, ta volonté. (…) Et tandis que tout sacrificateur fait chaque jour le service, et offre souvent les mêmes sacrifices, qui ne peuvent jamais ôter les péchés, lui, après avoir offert un seul sacrifice pour les péchés, s'est assis pour toujours à la droite de Dieu. (…) Par une seule offrande, il a amené à la perfection pour toujours ceux qui sont sanctifiés. »*

Tu vois maintenant pourquoi Jésus devait mourir — Son sang précieux devait être versé, pour que toi et moi soyons sanctifiés (rendus saints) et rendus capables de vivre une vie de justice tous les jours de notre vie. Cela signifie qu'il n'existe aucune habitude pécheresse ni aucune addiction que tu ne puisses vaincre par le sang purifiant et rempli de grâce de Jésus. « *Car le péché n'aura point de pouvoir sur vous, puisque vous êtes, non sous la loi, mais sous la grâce.* » *(Romains 6:14)*. Gloire à Dieu !

4. GUÉRISON ET DÉLIVRANCE

Une autre bénédiction glorieuse de la croix est l'obtention de la guérison et de la délivrance pour l'humanité. Pour faire simple, la raison pour laquelle le corps de Jésus a été meurtri, c'est pour que nos corps soient restaurés — afin que chaque cellule, chaque tissu et chaque organe fonctionne de manière optimale et soit fortifié contre les maladies et les infirmités.

Voici à nouveau Ésaïe 53:5 : « *Mais il était blessé pour nos péchés, brisé pour nos iniquités ; le châtiment qui nous donne la paix est tombé sur lui, et c'est par ses meurtrissures que nous sommes guéris.* » *(LSG)*

Sache que la guérison et la santé obtenues par Christ à travers Ses souffrances et Sa mort sont holistiques. Cela signifie qu'elles sont efficaces non seulement contre les maladies physiques, mais aussi contre les afflictions de l'âme et de l'esprit. L'Organisation mondiale de la santé définit la santé comme « un état de complet bien-être physique, mental et social, et ne consistant pas seulement en une absence de maladie ou d'infirmité. » C'est cela, et bien plus encore, que le corps brisé de Jésus et Son sang précieux ont accompli pour nous.

À preuve, Matthieu 8:16-17 rapporte au sujet du ministère de Christ : *« Le soir venu, on lui amena plusieurs démoniaques. Il chassa les esprits par sa parole, et il guérit tous les malades, afin que s'accomplît ce qui avait été annoncé par Ésaïe, le prophète : Il a pris nos infirmités, et il s'est chargé de nos maladies. »*

Le fait que Jésus ait guéri non seulement les malades, mais aussi les personnes tourmentées par des esprits mauvais montre que la provision de guérison que nous avons en Dieu à travers la mort de Jésus est totale. Et dans ces temps où les troubles de santé mentale se multiplient, il y a un soulagement assuré dans les meurtrissures et le sang de Jésus.

Oui, le sang de Jésus est la plus grande immunité et le remède le plus puissant contre toute maladie ou infirmité imaginable.

Plonge-toi quotidiennement dans ce bain de sang précieux, et tu n'auras plus rien à craindre : *« Ni les terreurs de la nuit, ni la flèche qui vole de jour, ni la peste qui marche dans les ténèbres, ni la contagion qui frappe en plein midi. » (Psaume 91:5-6)*

5. DOMINATION ET PROVISION TOTALE

La mort du Christ a payé le prix pour que nous soyons rétablis dans notre position originelle de puissance et de domination, telle que voulue dès la création. Dans cette position privilégiée, il n'y a ni peur, ni faiblesse, ni échec, ni limitation.

C'est la vie — et la vie en abondance (Jean 10:10).

De plus, cette position élevée est immunisée contre toute malédiction, qu'elle soit personnelle ou générationnelle, car les Écritures déclarent : *« Christ nous a rachetés de la malédiction de la loi, étant devenu malédiction pour nous — car il est écrit : Maudit est quiconque est pendu au bois — afin que la bénédiction d'Abraham ait pour les païens son accomplissement en Jésus-Christ, et que nous recevions par la foi l'Esprit qui avait été promis. » (Galates 3:13-14)*

Mais surtout, la mort du Christ sur la croix est la preuve la plus forte de l'amour profond de Dieu pour l'humanité et de jusqu'où Il est prêt à aller pour nous permettre d'avoir tout ce qu'il faut pour vivre pleinement sur la terre et régner avec Lui pour l'éternité.

Comme le révèle Romains 8:32 : *« Lui qui n'a point épargné son propre Fils, mais qui l'a livré pour nous tous, comment ne nous donnera-t-il pas aussi toutes choses avec lui ? »*

Ainsi, par la mort sacrificielle de Jésus-Christ, tu as droit aux meilleures provisions du Royaume de Dieu. Et devine quoi ? Cela inclut même la prospérité financière ! *« Car vous connaissez la grâce de notre Seigneur Jésus-Christ, qui pour vous s'est fait pauvre, de riche qu'il était, afin que par sa pauvreté vous fussiez enrichis. » (2 Corinthiens 8:9)* Fini les luttes financières dans ta vie, au nom de Jésus !

OMBRES PROPHÉTIQUES DE LA PUISSANCE DE LA RÉSURRECTION

Maintenant que nous avons longuement exploré le but et les merveilles de la mort du Christ, il est temps de se poser cette question : Que s'est-il passé entre le moment de Sa mort et celui de Sa résurrection ?

Le Grand Rédempteur était-Il simplement allongé là — froid, inerte, et en train d'entrer dans les premiers stades de décomposition comme tout autre être humain ? La science nous apprend que les organes internes d'un corps commencent à se décomposer entre 24 et 72 heures après la mort. Le Messie a-t-Il subi une telle dégradation ?

Certainement pas.

Le Psaume 16:10 déclare : *« Car tu ne livreras pas mon âme au séjour des morts, tu ne permettras pas que ton saint voie la corruption. » (LSG)*

Même dans la mort, le Messie inarrêtable poursuivait Sa mission de libération parfaite de l'humanité. Rappelle-toi qu'avant de mourir, Il avait prédit que Son cas serait semblable à celui de Jonas dans le ventre du grand poisson (Matthieu 12:40). Mais Jonas était-il inerte dans le ventre du poisson ? Pas du tout. L'Écriture dit : *« L'Éternel fit venir un grand poisson pour engloutir Jonas, et Jonas fut dans le ventre du poisson trois jours et trois nuits. Jonas, dans le ventre du poisson, pria l'Éternel, son Dieu… » (Jonas 1:17 – 2:1)*

Maintenant que tu as une idée de ce qui se passait, regardons de plus près les événements survenus pendant cet intervalle critique entre la mort et la résurrection.

Premièrement, la mort du Christ fut si glorieuse et victorieuse que le centenier au pied de la croix, ainsi que les soldats avec lui, s'exclamèrent : *« Certainement, cet homme était Fils de Dieu ! » (Matthieu 27:54)*

Qu'est-ce qui a provoqué cette réaction ? Les versets précédents nous disent qu'immédiatement après la mort de Jésus : *« Le voile du temple se déchira en deux, depuis le haut jusqu'en bas ; la terre trembla, les rochers se fendirent, les sépulcres s'ouvrirent, et plusieurs corps des saints qui étaient morts ressuscitèrent… » (Matthieu 27:51-52)*

Alléluia !

Ces incidents n'étaient pas des coïncidences ni du spectacle, mais des démonstrations prophétiques et des avant-goûts des bénédictions qui sont désormais les nôtres par la mort et la résurrection de Christ.

- **LE VOILE DÉCHIRÉ**

Le premier signe, le voile du temple déchiré, symbolise l'ouverture de l'accès à Dieu. Avant le sacrifice de Jésus sur la croix, le temple contenait un voile (rideau) qui séparait le lieu très saint — là où résidait la présence divine — du reste du sanctuaire. Autrement dit, le rideau séparait le peuple de la présence directe de Dieu.

Personne n'était autorisé à entrer dans ce lieu, ni même à y jeter un regard. Même le souverain sacrificateur n'y entrait qu'une fois par an, lors du grand jour des expiations, et seulement avec le sang d'un sacrifice, qu'il devait asperger sept fois devant le propitiatoire (Lévitique 16:14).

Mais après l'accomplissement parfait du sacrifice de Christ, ce qui était impossible est devenu possible.

Le voile qui avait empêché des générations d'accéder à la gloire de Dieu fut déchiré, de haut en bas, signe que cette œuvre venait de Dieu Lui-même, et qu'elle était totale.

Par conséquent, nous avons maintenant la liberté de "nous approcher avec assurance du trône de la grâce", afin de recevoir miséricorde et secours en temps voulu (Hébreux 4:16). Je décrète dans ta vie qu'à partir d'aujourd'hui, chaque impossibilité deviendra possible, et tout voile t'empêchant de jouir pleinement de la gloire de Dieu est totalement déchiré, au nom de Jésus ! Le tremblement de terre

Le second événement fut que la terre trembla. Cela démontrait littéralement l'impact mondial et cosmique de la mort et de la résurrection du Christ. Ce fut le début d'un nouvel ordre, d'une nouvelle ère dans l'adoration, dans la relation avec Dieu, et dans tous les aspects de la vie.

Des années plus tard, alors que les apôtres témoignaient puissamment de la résurrection, les gens dirent à leur sujet: « *Ceux qui ont bouleversé le monde sont aussi venus ici* » *(Actes 17:6, version Semeur)*. Je prie que, par la puissance du Christ ressuscité en toi, tu sois la prochaine personne à provoquer une transformation positive dans ton monde !

- **LES ROCHERS FENDUS**

Le troisième événement : les rochers se fendirent. Même avant Sa résurrection, la puissance du Christ inarrêtable démontrait déjà que le monde allait vivre le moment le plus historique de son existence. Les rochers symbolisent des forteresses apparemment inébranlables et des obstacles anciens.

Mais par Sa mort, Jésus a brisé ces forteresses et prouvé qu'aucune montagne, difficulté, crise ou impasse n'est trop difficile à renverser pour celui qui porte en lui la puissance du Christ ressuscité. Je déclare que ta destinée entre maintenant dans une dimension de percée sans précédent. Tout défi ancien, toute limitation, malédiction ou infirmité est arraché de ta vie, au nom de Jésus !

- **LES TOMBEAUX OUVERTS**

Le quatrième événement, c'est que les tombeaux de nombreux saints furent ouverts, en préparation à leur résurrection physique, qui eut lieu peu après celle du Seigneur Lui-même. « *Étant sortis des sépulcres après la résurrection de Jésus, ils entrèrent dans la ville sainte, et apparurent à un grand nombre de personnes.* » *(Matthieu 27:53)*

Cela confirme clairement que le but de la mort du Christ était pour que nous vivions. Je proclame la vie sur toi aujourd'hui, au nom de Jésus ! Toute force ou tout pouvoir qui t'a maintenu lié, enfermé ou confiné pendant des années est brisé maintenant, au nom de Jésus !

5
LA RÉSURRECTION : LA PIERRE ANGULAIRE DE NOTRE FOI

> *« La résurrection est le pivot autour duquel tout le christianisme tourne, et sans elle, aucune des autres vérités ne compterait vraiment. Sans la résurrection, le christianisme ne serait qu'un vœu pieux, prenant sa place parmi toutes les autres philosophies humaines et spéculations religieuses. »*
> – JOHN MACARTHUR

Nous avons vu plus tôt comment les disciples, autrefois impuissants et désespérés, furent soudainement fortifiés et enhardis par leurs rencontres avec le Christ ressuscité.

Et tu sais quoi ? Ce fut le catalyseur du commencement du christianisme !

Peu après Son émergence glorieuse du tombeau, le Seigneur donna instruction à Ses disciples de se rassembler sur le mont des Oliviers. C'est là qu'Il leur donna l'assurance la plus puissante qu'ils aient jamais entendue, et qu'Il les chargea d'annoncer la bonne nouvelle du salut gratuit à tous. Il déclara : *« Tout pouvoir m'a été donné dans le ciel et sur la terre. Allez, faites de toutes les nations des disciples, les baptisant au nom du Père, du Fils et du Saint-Esprit, et enseignez-leur à observer tout ce que je vous ai prescrit. Et voici, je suis avec vous tous les jours, jusqu'à la fin du monde. Amen. »* (Matthieu 28:18-20, LSG)

Peux-tu t'imaginer cela ? Comme si ce n'était pas suffisant d'avoir vaincu la mort et humilié à la fois les autorités romaines et juives ! Comme si ce n'était pas suffisant d'avoir rallumé et redoublé l'espérance et la joie de Ses disciples ! Il leur annonçait maintenant que TOUT POUVOIR lui avait été donné !

Sais-tu ce que cela signifie, le pouvoir ? C'est la capacité d'accomplir quelque chose ou d'influencer le cours des événements. Et Jésus dit que TOUT pouvoir Lui a été donné — autrement dit, Il peut tout faire et changer n'importe quelle situation. Et Il leur promit qu'Il serait avec eux tous les jours, tandis qu'ils obéiraient à cette Grande Mission qu'Il venait de leur confier.

C'était tout ce qu'il fallait aux disciples pour être embrasés d'une conviction inébranlable et d'un zèle irrésistible, prêts à répandre le message de la résurrection partout, quel qu'en soit le prix.

Pas étonnant que l'apôtre Jean écrive plus tard : « *Ce que nous avons vu et entendu, nous vous l'annonçons, afin que vous aussi vous soyez en communion avec nous. Or, notre communion est avec le Père et avec son Fils Jésus-Christ. Et nous écrivons ces choses, afin que notre joie soit parfaite.* » (1 Jean 1:3-4)

LA PREMIÈRE ÉGLISE

Les apôtres débordaient littéralement de joie, et leur foi était enflammée, en réalisant qu'il n'y avait plus aucune limite, ni aucune crainte possible. La mort était vaincue, la honte effacée, et l'espérance ravivée.

Ainsi, dès qu'ils furent baptisés du Saint-Esprit (dans Actes 2), ils passèrent à l'action avec audace. C'est le même Pierre, qui avait autrefois renié le Maître par peur, qui mena la charge. Il déclara au peuple, ceux-là mêmes qui avaient demandé la crucifixion : « *Hommes d'Israël, écoutez ces paroles ! Jésus de Nazareth, cet homme à qui Dieu a rendu témoignage devant vous par les miracles, les prodiges et les signes qu'il a opérés par lui au milieu de vous, comme vous le savez vous-mêmes ; cet homme, livré selon le dessein arrêté et selon la prescience de Dieu, vous l'avez crucifié, vous l'avez fait mourir par la main des impies. Mais Dieu l'a ressuscité, en le délivrant des liens de la mort, parce qu'il n'était pas possible qu'il fût retenu par elle…* » (Actes 2:22-24)

À partir de ce puissant message, plus de 3000 personnes

crurent à l'évangile, furent sauvées et ajoutées à l'Église. Eux aussi devinrent des proclamateurs du message de la résurrection et des bénédictions qu'elle procure.

Et comme le raconte l'Écriture : « *Ils persévéraient dans l'enseignement des apôtres, dans la communion fraternelle, dans la fraction du pain, et dans les prières. La crainte s'emparait de chacun, et il se faisait beaucoup de prodiges et de miracles par les apôtres. Tous ceux qui croyaient étaient dans le même lieu, et ils avaient tout en commun. Ils vendaient leurs propriétés et leurs biens, et ils en partageaient le produit entre tous, selon les besoins de chacun. Ils étaient chaque jour tous ensemble assidus au temple, ils rompaient le pain dans les maisons, et prenaient leur nourriture avec joie et simplicité de cœur, louant Dieu, et trouvant grâce auprès de tout le peuple. Et le Seigneur ajoutait chaque jour à l'Église ceux qui étaient sauvés.* » (Actes 2:42-47)

Voilà, en résumé, l'origine du christianisme et de l'Église telle que nous la connaissons aujourd'hui. Autrement dit, c'est la résurrection qui a donné naissance à l'Église — le corps de Christ établi sur la terre !

L'ÂME DU CHRISTIANISME

Pourquoi ai-je soulevé ce rideau historique précédemment ? C'est pour que tu comprennes que la foi chrétienne repose fondamentalement et solidement sur la résurrection.

Autrement dit, sans la résurrection, il n'y aurait pas de christianisme.

Michael Green le dit ainsi : « *Le christianisme ne considère pas la résurrection comme l'un des nombreux dogmes de foi. Sans foi en la résurrection, le christianisme n'existerait tout simplement pas. L'Église chrétienne n'aurait jamais vu le jour ; le mouvement de Jésus se serait éteint comme une mèche humide après son exécution. Le christianisme tient ou tombe sur la vérité de la résurrection. Réfutez-la, et vous avez anéanti le christianisme.* »

Tu comprendras mieux cette vérité en te souvenant que ceux qui sont devenus les piliers de l'Église primitive s'étaient tous dispersés et avaient perdu espoir dès la mort de Jésus-Christ.

Même Pierre, sur qui Jésus avait dit qu'Il bâtirait Son Église (Matthieu 16:18), avait décidé de retourner à la pêche !

Ce qui a restauré leur espérance et ravivé leur vision, c'est la résurrection. Voilà pourquoi la résurrection constitue l'âme même du christianisme, la vérité centrale de l'Évangile. Ce qui animait et gardait les premiers croyants sur la ligne de front de l'Évangile, c'était la vérité de la résurrection.

Comme l'a écrit Hank Hanegraaff, surnommé « l'homme des réponses bibliques » : « Ce qui s'est produit à la suite de la résurrection est sans précédent dans l'histoire humaine.

En quelques siècles seulement, une petite bande de croyants apparemment insignifiants a réussi à bouleverser tout un empire. Comme on l'a bien dit : "Ils ont affronté l'acier des tyrans, la crinière sanglante des lions, et les flammes de mille morts," parce qu'ils étaient convaincus que, tout comme leur Maître, ils ressusciteraient un jour dans des corps glorifiés. »

Même l'apôtre Paul, arrivé plus tard, ne pouvait cesser de chérir et proclamer le message de la résurrection. Rappelle-toi, il avait été l'un des plus féroces persécuteurs de l'Évangile et des premiers croyants. Mais dès son expérience bouleversante avec le Christ ressuscité sur le chemin de Damas (Actes 9:1-9), la résurrection devint sa passion de vie.

Il dira :

« Ainsi je connaîtrai Christ, et la puissance de sa résurrection, et la communion de ses souffrances, en devenant conforme à lui dans sa mort, pour parvenir, si je puis, à la résurrection des morts… je cours pour tâcher de le saisir, puisque moi aussi j'ai été saisi par Jésus-Christ. »

(Philippiens 3:10-12)

Pourquoi la résurrection est-elle aussi cruciale pour la foi chrétienne ?

La résurrection est ce qui valide notre foi.

La résurrection est la substance même de notre foi. Elle est ce qui lui donne tout son sens, ce qui prouve qu'elle n'est pas vaine.

Quel sens aurait une foi qui n'offre aucun espoir concret de vie après la mort ?

Quelle utilité aurait une foi dont le fondateur aurait vu sa vie brutalement interrompue dans l'impuissance et le désespoir ?

Et plus encore, comment aurions-nous su que Dieu avait accepté le sacrifice du Christ pour notre salut, s'Il n'était pas revenu du tombeau pour nous donner l'assurance nécessaire ?

Pas étonnant que Paul ait écrit :

« Or, si l'on prêche que Christ est ressuscité des morts, comment quelques-uns parmi vous disent-ils qu'il n'y a point de résurrection des morts ? S'il n'y a point de résurrection des morts, Christ non plus n'est pas ressuscité. Et si Christ n'est pas ressuscité, notre prédication est donc vaine, et votre foi aussi est vaine. (…) Et si Christ n'est pas ressuscité, votre foi est vaine, vous êtes encore dans vos péchés. (…) Si c'est dans cette vie seulement que nous espérons en Christ, nous sommes les plus à plaindre de tous les hommes. »

(1 Corinthiens 15:12-19)

Le pasteur Jim Eliff, de Christian Communicators Worldwide, apporte un éclairage pertinent :

« Si Jésus n'était pas ressuscité d'entre les morts, nous ne pourrions avoir aucune assurance que le prix de nos péchés a été payé. (…) Sa résurrection est la garantie que l'œuvre a été achevée, et que le péché, ainsi que la mort physique et spirituelle, ont été pleinement vaincus. Quelle assurance aurions-nous que l'œuvre promise sur la croix a été accomplie, s'Il n'était pas ressuscité pour la confirmer ? »

La résurrection élève et distingue notre foi.

Elle prouve l'achèvement de l'œuvre du salut et valide la divinité et la crédibilité de Christ.

En d'autres termes, la résurrection démontre que nous ne suivons pas simplement un maître, un enseignant ou un prophète, comme d'autres religions le prétendent — nous suivons le Fils de Dieu, la Source même de la Vie !

Alléluia !

L'apôtre Jean témoigne :

« En lui était la vie, et la vie était la lumière des hommes. » (Jean 1:4)

Et le Rédempteur Lui-même a dit :

« Le Père m'aime, parce que je donne ma vie, afin de la reprendre. (…) J'ai le pouvoir de la donner, et j'ai le pouvoir de la reprendre… » (Jean 10:17-18)

Et encore :

« Je suis la résurrection et la vie. Celui qui croit en moi vivra, même s'il meurt. » (Jean 11:25, LSG)

Et aussi :

« Je suis le chemin, la vérité, et la vie. Nul ne vient au Père que par moi. » (Jean 14:6)

Aucun fondateur d'autre religion n'a pu dire ou prouver de telles affirmations — mais Jésus l'a fait !

Il a affirmé être le Fils de Dieu, avoir le pouvoir de pardonner les péchés, et de ressusciter. Et Sa résurrection prouve que ces paroles n'étaient pas de vaines prétentions, mais la vérité.

Il a dit qu'Il avait autorité sur Sa propre vie, y compris sur le moment de Sa mort et de Sa résurrection. Aucun autre chef religieux ne pouvait faire cela.

Ils sont tous morts et sont restés morts.

Jésus seul est ressuscité.

On estime qu'il existe environ 4000 religions, mouvements et dénominations dans le monde, généralement répartis en cinq grandes catégories : le christianisme, l'islam, le bouddhisme, l'hindouisme et le judaïsme. Les fondateurs de ces religions ont peut-être été de bonnes personnes, et ils ont peut-être eu un impact. Mais Jésus-Christ est dans une catégorie à part.

Pendant qu'Il était sur terre, Il a apporté le Royaume avec Lui et l'a établi ici-bas.

Tandis que les autres sont morts et restent dans leurs tombes, le tombeau de Jésus est vide.

Sa capacité à ressusciter d'entre les morts confirme Sa divinité.

Cela Le place au-dessus de tout autre fondateur religieux.

Voici encore une fois les paroles de Hank Hanegraaff :

« La résurrection n'est pas simplement importante pour la foi chrétienne historique ; sans elle, il n'y aurait pas de christianisme. C'est la doctrine unique qui élève le christianisme au-dessus de toutes les autres religions du monde. Par la résurrection, Christ a démontré qu'Il ne se tient pas aux côtés d'Abraham, Bouddha ou Confucius. Il est totalement unique. Il a le pouvoir non seulement de donner sa vie, mais aussi de la reprendre. »

La résurrection est ce qui donne puissance à notre évangile.

Sans la résurrection, l'Évangile devient comme n'importe quelle autre philosophie humaine, sans vie ni puissance.

Le cœur de la Bonne Nouvelle que nous prêchons, c'est Christ et Sa résurrection d'entre les morts. Le fait que notre Sauveur n'ait pas eu besoin de quelqu'un pour Le ressusciter, mais qu'Il soit vivant pour l'éternité, rend notre évangile distinctif et puissant dans son message.

L'apôtre Paul déclara avec audace :

« Car je n'ai point honte de l'Évangile : c'est une puissance de Dieu pour le salut de quiconque croit, du Juif premièrement, puis du Grec, parce qu'en lui est révélée la justice de Dieu par la foi et pour la foi, selon qu'il est écrit : Le juste vivra par la foi. » (Romains 1:16-17)

Quelle est la source de cette assurance et de cette puissance ? C'est la résurrection et le message irrésistible qu'elle porte !

Le message de rédemption, d'espérance, de grâce illimitée et de vie éternelle que la résurrection transmet répond parfaitement aux besoins fondamentaux de tout être humain.

C'est la solution au plus grand problème de l'humanité : le péché et ses conséquences, c'est-à-dire la mort.

Autrement dit, seul l'Évangile — par le message de la résurrection — garantit l'efficacité du plan de rédemption de Dieu pour l'humanité !

Seul l'Évangile annonce l'œuvre complète du salut pour l'humanité.

C'est ce qui a soutenu la ferveur et la vigueur dans la diffusion de l'Évangile depuis des siècles !

La résurrection confirme la vérité et la fiabilité des Écritures.

La résurrection ajoute une preuve puissante à l'authenticité et à la crédibilité des Saintes Écritures comme Parole de Dieu.

2 Timothée 3:16 déclare :

« Toute Écriture est inspirée de Dieu… »

Et la résurrection vient totalement prouver cette affirmation.

Ce qu'il faut savoir, c'est que les livres de la Bible ont été écrits par différents auteurs, issus de milieux et de professions variés, sur une période d'environ 1500 ans.

La majorité de ces auteurs ne se connaissaient même pas — pourtant, chacun a apporté un signe, un message ou une prophétie concernant Jésus.

En ce qui concerne la mort et la résurrection de Jésus, plusieurs prophéties ont été données dans l'Ancien Testament, bien avant même Sa naissance !

Par exemple, voici ce que Dieu a déclaré dans Genèse 3:15, que nous avons lu plus tôt :

« Je mettrai inimitié entre toi et la femme, entre ta postérité et sa postérité : celle-ci t'écrasera la tête, et tu lui blesseras le talon. »

En un seul verset, la naissance, la mort et la victoire de Jésus par la résurrection sont annoncées par le Dieu éternel Lui-même, et tout cela s'est accompli, plusieurs générations plus tard, exactement comme Il l'avait dit !

Dans le Psaume 16:10, le roi David fut inspiré pour prophétiser :

« Car tu ne livreras pas mon âme au séjour des morts, tu ne permettras pas que ton saint voie la corruption. » (LSG)

Il est évident que David ne parlait pas de lui-même.

Comme le rappelle l'apôtre Pierre dans son grand discours, dans Actes 2:29-36 :

« Hommes frères, qu'il me soit permis de vous dire librement au sujet du patriarche David, qu'il est mort, qu'il a été enseveli, et que son sépulcre existe encore aujourd'hui parmi nous. Comme il était prophète, (…) il a prévu la résurrection du Christ, et il en a parlé en disant qu'il ne serait pas abandonné dans le séjour des morts, et que sa chair ne verrait pas la corruption. C'est ce Jésus que Dieu a ressuscité ; nous en sommes tous témoins. »

(Extraits d'Actes 2, version Parole de Vie / LSG)

Il y a de nombreux autres indices, dans l'Ancien et le Nouveau Testament, écrits par des auteurs inspirés, tous confirmés par la résurrection de Christ.

Jésus Lui-même l'a expliqué aux disciples sur le chemin d'Emmaüs :

« Et, commençant par Moïse et par tous les prophètes, il leur expliqua dans toutes les Écritures ce qui le concernait. » (Luc 24:27)

Quelle révélation glorieuse ! Cela renforce encore notre confiance dans la vérité et la fiabilité de toute l'Écriture.

« Toute parole de Dieu est éprouvée ; il est un bouclier pour ceux qui se confient en lui. » (Proverbes 30:5)

Mais au-delà de la fiabilité des Écritures, il y a une autre chose importante à noter ici :

Le fait que tout le déroulement de la mission de Christ sur terre — de Sa crucifixion à Sa résurrection, en passant par Sa mort et Son ensevelissement — ait été prédit à l'avance dans l'Ancien Testament montre que Dieu est précis dans les moindres détails de nos vies.

Sois-en certain :

Dieu est très spécifique en ce qui te concerne.

Il est intentionnel quant à chaque promesse qu'Il a déclarée sur ta vie.

Par conséquent, je déclare sur ta vie et ta famille que, dans cette saison, la parole de Dieu s'accomplira pleinement.

Comme le dit la Bible en Ésaïe 55:11 :

« Ainsi en est-il de ma parole, qui sort de ma bouche : elle ne retourne point à moi sans effet, sans avoir exécuté ma volonté et accompli mes desseins. »

Aucune promesse de Dieu ne tombera à terre — tout s'accomplira pour toi, au nom puissant de Jésus !

La résurrection a entraîné l'effusion du Saint-Esprit et la puissance sur l'Église.

Le Saint-Esprit constitue la puissance active par laquelle l'Église peut efficacement propager l'Évangile et accomplir le mandat de la Grande Commission.

Sans le Saint-Esprit, l'Église est dépourvue de vie, car tout ce qu'elle entreprend avec impact — que ce soit dans le ministère ou dans l'administration — est entièrement animé par la puissance du Saint-Esprit.

Or, la libération de cette puissance divine ainsi que celle des dons spirituels sont étroitement liées à la glorieuse résurrection de Jésus-Christ.

Tout d'abord, c'est lors d'une de Ses apparitions post-résurrection que Jésus :

« souffla sur eux, et leur dit : Recevez le Saint-Esprit. » (Jean 20:22)

Encore une fois, c'est lors d'une autre de ces apparitions qu'Il donna des instructions spécifiques concernant la venue du Saint-Esprit sur les apôtres.

Actes 1:4-8 rapporte ceci :

« Comme il se trouvait avec eux, il leur recommanda de ne pas s'éloigner de Jérusalem, mais d'attendre ce que le Père avait promis, ce que je vous ai annoncé, leur dit-il ; car Jean a baptisé d'eau, mais vous, dans peu de jours, vous serez baptisés du Saint-Esprit. (…) Vous recevrez une puissance, le Saint-Esprit survenant sur vous, et vous serez mes témoins à Jérusalem, dans toute la Judée, dans la Samarie, et jusqu'aux extrémités de la terre. »

Lors du jour de la Pentecôte, alors que le Saint-Esprit fut déversé de façon spectaculaire, Pierre déclara avec clarté l'origine de cette effusion :

« Ce Jésus, Dieu l'a ressuscité ; nous en sommes tous témoins. Élevé par la droite de Dieu, il a reçu du Père le Saint-Esprit qui avait été promis, et il l'a répandu, comme vous le voyez et l'entendez. » (Actes 2:32-33)

De même, l'apôtre Paul attribue expressément l'effusion

du Saint-Esprit et des dons spirituels sur l'Église à la résurrection et à l'ascension de Christ.

Voici ses paroles dans Éphésiens 4:7-13 :

« Mais à chacun de nous la grâce a été donnée selon la mesure du don de Christ. C'est pourquoi il est dit : Étant monté en haut, il a emmené des captifs, et il a fait des dons aux hommes. Or, que signifie il est monté, sinon qu'il est aussi descendu dans les régions inférieures de la terre ? Celui qui est descendu, c'est le même qui est monté au-dessus de tous les cieux, afin de remplir toutes choses. Et il a donné les uns comme apôtres, les autres comme prophètes, les autres comme évangélistes, les autres comme pasteurs et docteurs, pour le perfectionnement des saints, en vue de l'œuvre du ministère et de l'édification du corps de Christ… »

Remarquez cette expression dans le premier verset : « selon la mesure du don de Christ ».

Et quand ce don a-t-il été distribué ?

Lorsqu'Il est monté en haut.

Mais avant de monter, Il était descendu dans les régions inférieures de la terre !

Cela confirme donc avec autorité que toutes les œuvres

que nous accomplissons aujourd'hui dans l'Église ainsi que toutes les bénédictions dont nous jouissons sont le fruit direct de la résurrection de Christ.

Gloire à Dieu !

Nous allons maintenant aborder la dimension personnelle de ces bénédictions glorieuses issues de la résurrection.

Préparez-vous à découvrir comment cette même puissance qui a relevé Christ d'entre les morts agit en vous pour transformer votre vie, votre destinée, et votre appel !

Souhaitez-vous que je poursuive avec la suite du chapitre ou vous fournir un document complet regroupant tout ce qui a été traduit jusqu'ici ?

La résurrection a entraîné l'effusion du Saint-Esprit et de la puissance sur l'Église

Le Saint-Esprit est la puissance par laquelle l'Église est capable de propager avec efficacité l'Évangile et de remplir le mandat de la Grande Commission.

Sans le Saint-Esprit, l'Église est sans vie, car tout ce que l'Église fait avec impact — que ce soit dans le ministère ou dans l'administration — est alimenté par le Saint-Esprit.

Or, la libération de cette puissance — et la manifestation

des miracles et dons spirituels — est directement liée à la glorieuse résurrection de Jésus-Christ.

D'abord, c'est lors de l'une de Ses apparitions post-résurrection que Jésus :

« souffla sur eux, et leur dit : Recevez le Saint-Esprit. » (Jean 20:22)

Encore une fois, c'est au cours d'un autre moment avec Ses disciples qu'Il donna des instructions précises sur la manière dont le Saint-Esprit serait répandu.

Actes 1:4-8 nous révèle :

« Un jour qu'il se trouvait avec eux, il leur recommanda de ne pas quitter Jérusalem, mais d'y attendre ce que le Père avait promis. "Car Jean a baptisé d'eau, mais vous, dans peu de jours, vous serez baptisés du Saint-Esprit." (…) Mais vous recevrez une puissance, le Saint-Esprit survenant sur vous, et vous serez mes témoins à Jérusalem, dans toute la Judée, dans la Samarie, et jusqu'aux extrémités de la terre. »

Pierre, dans son sermon le jour de la Pentecôte — le jour même où le Saint-Esprit fut libéré — attribua clairement cette effusion à Jésus et à Sa résurrection.

Il dit :

« Ce Jésus, Dieu l'a ressuscité ; nous en sommes tous témoins. Élevé par la droite de Dieu, il a reçu du Père le Saint-Esprit qui avait été promis, et il l'a répandu, comme vous le voyez et l'entendez. » (Actes 2:32-33)

Comme nous l'avons également vu précédemment, l'apôtre Paul, lui aussi, attribua l'effusion du Saint-Esprit et de Ses dons sur l'Église à la résurrection et à l'ascension de Jésus-Christ. Il déclara :

« Mais à chacun de nous la grâce a été donnée selon la mesure du don de Christ. C'est pourquoi il est dit : Étant monté en haut, il a emmené des captifs, et il a fait des dons aux hommes. (…) Celui qui est descendu, c'est le même qui est monté au-dessus de tous les cieux, afin de remplir toutes choses. Et il a donné les uns comme apôtres, les autres comme prophètes, les autres comme évangélistes, les autres comme pasteurs et docteurs, pour le perfectionnement des saints, en vue de l'œuvre du ministère et de l'édification du corps de Christ… » (Éphésiens 4:7-13)

As-tu remarqué cette expression dans le premier verset — « selon la mesure du don de Christ » ?

Et quand a-t-Il fait cette distribution et cette libération de dons ?

Lorsqu'Il est monté en haut !

Mais avant d'être élevé, Il est d'abord descendu dans les régions inférieures de la terre !

Tu vois donc que tout ce que nous faisons et toutes les bénédictions que nous recevons aujourd'hui en tant qu'Église sont le résultat direct de la résurrection de Jésus-Christ.

Gloire à Dieu !

Passons maintenant à la dimension personnelle de ces bénédictions glorieuses liées à la résurrection !

6
LA RÉSURRECTION ET TA DOMINION

« Le message de Pâques, c'est que le monde nouveau de Dieu a été dévoilé en Jésus-Christ, et que tu es désormais invité à en faire partie. »
- N. T. WRIGHT

Bien qu'il soit vrai que les bénédictions de la résurrection du Christ soient offertes à toute l'humanité, il est également vrai que tu ne peux réellement en jouir que lorsque tu les rends personnelles. C'est pourquoi je consacre ce chapitre à te faire découvrir les multiples bénédictions qui t'ont été rendues accessibles grâce à la résurrection.

Tout d'abord, permets-moi de te rappeler que l'une des raisons pour lesquelles Jésus devait ressusciter physiquement était de prouver que le sacrifice qu'Il avait offert sur la croix en ta faveur n'était pas seulement parfaitement accompli, mais aussi entièrement accepté par Dieu. Pas étonnant qu'Il ait déclaré, juste avant de mourir : « Tout est accompli ! » (Jean 19:30)

Oui, tout est accompli ! L'œuvre de ton salut et de ta rédemption est terminée. Tout ce dont tu as besoin pour être heureux, réussir, prospérer et régner dans chaque domaine de ta vie a été payé — et le prix a été accepté par Dieu. Il ne te reste plus qu'à plonger dedans et en profiter pleinement !

TA PUISSANCE MULTIDIMENSIONNELLE PAR LA RÉSURRECTION

La résurrection du Christ a été une manifestation sans précédent de la puissance souveraine de Dieu. Et le plus merveilleux, c'est que Dieu a rendu cette même puissance disponible à tous ceux qui acceptent le Christ ressuscité dans leur vie. Une fois que tu comprends pleinement combien cette puissance est accessible et que tu choisis délibérément de te l'approprier, tu peux être sûr que ta vie ne restera plus jamais la même.

C'est pour cela que Paul a écrit dans Éphésiens 1:19-23 :

> « *Je prie aussi que vous compreniez l'extraordinaire grandeur de la puissance de Dieu pour nous qui croyons en lui. C'est la même puissance grandiose qu'il a déployée lorsqu'il a ressuscité Christ d'entre les morts et l'a fait asseoir à sa droite dans les lieux célestes, au-dessus de toute domination, autorité, puissance, souveraineté, et de tout nom qui puisse être nommé... Dieu a tout mis sous l'autorité*

de Christ, qu'il a établi chef suprême pour le bien de l'Église. Or l'Église, c'est son corps, la plénitude de celui qui remplit tout en tous. » (Paraphrasé, NLT)

Regardons à présent les différentes dimensions de cette puissance de résurrection que Dieu t'a donnée pour que tu fonctionnes dans ta pleine autorité.

1. PUISSANCE POUR VIVRE UNE VIE NOUVELLE

Par la résurrection de Christ, tu reçois non seulement le salut et la justification (Romains 10:9 ; 4:25), mais aussi la puissance pour vivre une vie nouvelle, grâce à la nouvelle naissance (1 Pierre 1:3).

Colossiens 2:11-12 déclare : « En lui, vous avez été circoncis d'une circoncision non faite par la main de l'homme… Vous avez été ensevelis avec lui par le baptême, et vous êtes aussi ressuscités en lui et avec lui, par la foi en la puissance de Dieu, qui l'a ressuscité des morts. » (Paraphrasé, NLT)

N'est-ce pas glorieux ? Par la mort et l'ensevelissement du Christ, le prix de tes péchés — peu importe leur gravité — a été payé, et ces péchés ont été ensevelis avec Lui. Mais par Sa résurrection, la puissance de devenir une personne totalement nouvelle t'a été offerte.

2 Corinthiens 5:17 affirme : « Si quelqu'un est en Christ, il est une nouvelle créature. Les choses anciennes sont passées ; voici, toutes choses sont devenues nouvelles. »

Cela signifie que tu peux vivre au-dessus de la culpabilité et de la condamnation de ton passé, et tu peux aussi recevoir la force de vivre dans la victoire sur le péché chaque jour, grâce à la grâce de Dieu (Romains 6:14 ; Tite 2:11-12).

Ne laisse personne te dire que tu es trop tombé dans le péché pour être sauvé, ou que tes habitudes et tes dépendances sont trop fortes pour être brisées. Si tu invoques sincèrement Dieu, demandant qu'Il te purifie par le sang de Jésus et qu'Il t'insuffle la puissance de résurrection qui a fait sortir Jésus du tombeau, toutes les chaînes qui te retenaient seront brisées, et tu émergeras dans la victoire du Christ ressuscité.

« Nous avons donc été ensevelis avec lui par le baptême en sa mort, afin que, comme Christ est ressuscité des morts par la gloire du Père, de même nous aussi nous marchions en nouveauté de vie… Sachant que notre vieil homme a été crucifié avec lui, afin que le corps du péché soit réduit à l'impuissance, pour que nous ne soyons plus esclaves du péché… » (Romains 6:4-6)

Par la puissance de la résurrection, tu peux être libéré de toute forme d'esclavage au péché ou de relation toxique, et vivre la vie semblable à celle de Christ à laquelle tu as été appelé.

Tu peux ressentir la présence de Christ et expérimenter Sa puissance contre le péché dans ta vie quotidienne.

L'apôtre Paul en a témoigné lui-même : « J'ai été crucifié avec Christ ; ce n'est plus moi qui vis, c'est Christ qui vit en moi. Et la vie que je vis maintenant dans la chair, je la vis dans la foi au Fils de Dieu, qui m'a aimé et qui s'est livré lui-même pour moi. » (Galates 2:20)

Je prie que ce soit également ton témoignage !

2. PUISSANCE SUR LES PRINCIPAUTÉS ET LES PUISSANCES

L'apôtre Paul, dans la prière qu'il adressa pour les croyants (que nous avons lue précédemment), déclara qu'après la résurrection, Dieu a élevé Jésus-Christ à Sa droite,

« au-dessus de toute principauté, de toute puissance, de toute force, de toute domination, et de tout nom qui peut être nommé, non seulement dans le siècle présent, mais aussi dans le siècle à venir. Il a tout mis sous ses pieds... » (Éphésiens 1:21-22, LSG).

Mais comme pour nous souligner davantage notre place dans ce nouvel ordre, Paul révèle dès le chapitre suivant :

> *« Mais Dieu, qui est riche en miséricorde, à cause du grand amour dont il nous a aimés, nous qui étions morts par nos offenses, nous a rendus à la vie avec Christ (c'est par grâce que vous êtes sauvés); il nous a ressuscités ensemble, et nous a fait asseoir ensemble dans les lieux célestes, en Jésus-Christ »* (Éphésiens 2:4-6).

Ce que cela signifie pour toi, c'est que si la même puissance qui a ressuscité Jésus d'entre les morts t'a aussi rendu à la vie spirituellement, alors tu occupes la même position d'autorité et de domination que Jésus dans les cieux. Tu as été repositionné pour exercer l'autorité sur les principautés, les puissances et toutes les forces des ténèbres, au point qu'elles te reconnaissent et tremblent devant toi.

Paul lui-même en est une preuve vivante. Quand les sept fils de Scéva, qui n'avaient pas reçu le Christ ressuscité en eux, ont tenté de chasser les démons comme Paul le faisait, l'expérience les a choqués.

> *« Quelques exorcistes juifs ambulants essayèrent d'invoquer sur ceux qui avaient des esprits mauvais le nom du Seigneur Jésus, en disant : Je vous conjure par Jésus que Paul prêche ! Ceux qui faisaient cela étaient sept fils de Scéva, un des principaux sacrificateurs juifs. L'esprit malin leur répondit : Je connais Jésus, et je sais qui est Paul ; mais vous, qui êtes-vous ? Et l'homme dans lequel était l'esprit malin s'élança sur eux, se rendit maître de tous, et les maltraita de telle sorte qu'ils s'enfuirent de cette maison, nus et blessés. »* (Actes 19:13-16)

As-tu vu ce témoignage puissant de la bouche même de l'esprit impur ? Il reconnaît l'autorité de Paul, tout comme celle de Jésus. Pourquoi ? Parce que le Paul régénéré était assis dans la même position de domination illimitée que le Christ ressuscité !

Comprends-tu combien de puissance tu portes maintenant, en tant que racheté du Seigneur ? L'Écriture déclare au sujet du Christ ressuscité :

> « Il a dépouillé les dominations et les autorités, et les a livrées publiquement en spectacle, en triomphant d'elles par la croix » (Colossiens 2:15). Par conséquent, que ce soit de jour ou de nuit, en ville ou au village, tu n'as aucune raison de craindre les attaques sataniques ou les tourments démoniaques, car celui qui est en toi est plus grand que celui qui est dans le monde (1 Jean 4:4).

3. PUISSANCE POUR RANIMER ET TRANSMETTRE LA VIE

La puissance de la résurrection est une puissance vivifiante. Ce n'est pas pour rien que 1 Corinthiens 15:45 dit : « Le premier homme, Adam, devint une âme vivante. Le dernier Adam est devenu un esprit vivifiant. » Cet esprit vivifiant, c'est ce que tu portes en toi en tant qu'enfant de Dieu. Cela signifie que tout ce à quoi tu déclares la vie reprendra vie. Ce que tu actives sera activé, ce que tu désactives sera désactivé.

Comment utiliser cette puissance ? Autour de toi se trouvent des gens qui vivent sans vie et sans espoir. Il y a ceux qui sont spirituellement morts, et ceux qui meurent physiquement ou émotionnellement. Beaucoup d'entre eux, comme les Macédoniens dans Actes 16, crient en silence : « Viens… et secours-nous. » Avec la puissance de résurrection à l'œuvre en toi, tu es le représentant du Christ pour ces personnes. Transmets-leur cette même puissance pour vivifier leur esprit, leur âme et leur corps. Suis l'instruction que Dieu donna au prophète Ézéchiel dans Ézéchiel 37:4-6 :

« Prophétise sur ces os, et dis-leur : Os desséchés, écoutez la parole de l'Éternel ! Ainsi parle le Seigneur, l'Éternel, à ces os : Voici, je vais faire entrer en vous un esprit, et vous vivrez ; je vous donnerai des nerfs, je ferai croître sur vous de la chair, je vous couvrirai de peau, je mettrai en vous un esprit, et vous vivrez. Et vous saurez que je suis l'Éternel. »

Partout où tu vas, que ton témoignage soit semblable à celui de Jésus dans Matthieu 4:15-16 :

« Le peuple assis dans les ténèbres a vu une grande lumière ; et sur ceux qui étaient assis dans la région et l'ombre de la mort la lumière s'est levée. »

Tu peux également utiliser cette puissance vivifiante pour ressusciter et faire revivre les bénédictions et les choses bonnes qui te concernent mais qui semblent mortes ou dormantes. Appelle ton percée, ta promotion, tes idées d'affaires, ta guérison, et tout ce que tu désires voir se manifester.

PUISSANCE POUR LES SIGNES ET PRODIGES SURNATURELS

Au-delà de transmettre la vie, la puissance de la résurrection qui agit en toi est une puissance de miracles illimitée. L'Écriture révèle que, lorsque le Christ ressuscité a donné aux disciples le mandat de la Grande Commission, Il a également précisé qu'avec tout pouvoir désormais entre Ses mains, des miracles variés accompagneraient tous ceux qui Le recevraient. Il a déclaré :

> *« Voici les signes qui accompagneront ceux qui auront cru : en mon nom, ils chasseront les démons ; ils parleront de nouvelles langues ; ils saisiront des serpents ; s'ils boivent quelque breuvage mortel, il ne leur fera point de mal ; ils imposeront les mains aux malades, et les malades seront guéris. » (Marc 16:17-18)*

Si tu fais partie de ceux qui ont reçu Christ, alors ta vie doit continuellement refléter ces signes et prodiges. En fait, le Messie avait déjà déclaré :

> *« En vérité, en vérité, je vous le dis, celui qui croit en moi fera aussi les œuvres que je fais, et il en fera de plus grandes, parce que je m'en vais au Père. » (Jean 14:12)*

Combien d'œuvres puissantes Christ a-t-Il accomplies que tu peux te rappeler ? Sûrement beaucoup. Et pourtant, Il affirme ici que non seulement tu es habilité à poursuivre ce qu'Il a commencé, mais aussi à faire davantage !

Ce qui s'est produit par l'intermédiaire des apôtres, peu après l'ascension du Seigneur ressuscité, confirme que tous les croyants portent en eux cette dimension de la puissance de résurrection. Actes 3, par exemple, révèle que Pierre et Jean ont guéri un homme infirme de naissance par une simple déclaration au nom de Jésus (Actes 3:1-8). L'Écriture ajoute :

> *« Beaucoup de signes et de prodiges se faisaient au milieu du peuple par les mains des apôtres… en sorte qu'on apportait les malades dans les rues, et qu'on les plaçait sur des lits et des couchettes, afin que, lorsque Pierre passerait, son ombre au moins couvrît l'un d'eux. La multitude accourait aussi des villes voisines à Jérusalem, amenant des malades et des gens tourmentés par des esprits impurs ; et tous étaient guéris. » (Actes 5:12-16)*

La dernière ligne est particulièrement intéressante : « tous étaient guéris. » Voilà à quel point la puissance de résurrection en toi est PUISSANTE — elle ne connaît ni limites, ni impossibilités !

4. PUISSANCE POUR VAINCRE LES OBSTACLES ET LES OPPOSITIONS

Matthieu 28:2, en racontant l'histoire de la résurrection, dit :

« Et voici, il y eut un grand tremblement de terre ; car un ange du Seigneur descendit du ciel, vint rouler la pierre, et s'assit dessus. »

Alléluia !

La puissance de la résurrection à l'œuvre dans ta vie est une puissance inarrêtable ! Souviens-toi que le tombeau de Jésus avait été scellé par une pierre énorme. Mais dès que la puissance de résurrection s'est mise en mouvement, rien n'a pu empêcher le Seigneur de sortir du tombeau.

Par la puissance de résurrection disponible pour toi, aucun obstacle ou opposition ne peut t'empêcher d'accomplir ta destinée. Tu es destiné à la grandeur, et aucune force ne peut contrarier ton élévation. Tandis que tu actives la puissance de résurrection en toi, aucun enchantement ne pourra frustrer ton avancement, aucune manipulation ne pourra bloquer ta manifestation. Tu deviendras tout ce que Dieu a destiné pour toi, par la puissance du Christ ressuscité. Si aucun tombeau n'a pu retenir Jésus, aucune puissance ne pourra te garder captif, car Christ en toi est l'espérance de la gloire ! (Colossiens 1:27)

5. PUISSANCE POUR SOUMETTRE CHAQUE ENNEMI DANS TA VIE QUOTIDIENNE

Quelque chose d'autre s'est produit à la résurrection que tu dois noter. Voici encore une fois le récit selon Matthieu :

« Et voici, il y eut un grand tremblement de terre ; car un ange du Seigneur descendit du ciel, vint rouler la pierre, et s'assit dessus. Son aspect était comme l'éclair, et son vêtement blanc comme la neige. Les gardes tremblèrent de peur, et devinrent comme morts. » (Matthieu 28:2-4)

La puissance qui a ressuscité Jésus des morts n'a pas seulement roulé la pierre, mais elle a aussi anéanti Ses ennemis. Ces gardes, postés pour empêcher tout accès au tombeau, ont été terrassés et paralysés par la puissance de la résurrection, au point qu'ils « devinrent comme morts ».

Philippiens 2:8-11 parle aussi de ce triomphe :

« Il s'est humilié lui-même, se rendant obéissant jusqu'à la mort, même jusqu'à la mort de la croix. C'est pourquoi aussi Dieu l'a souverainement élevé, et lui a donné le nom qui est au-dessus de tout nom, afin qu'au nom de Jésus tout genou fléchisse dans les cieux, sur la terre, et sous la terre, et que toute langue confesse que Jésus-Christ est Seigneur, à la gloire de Dieu le Père. »

L'assurance pour toi, c'est que chaque fois que tu invoques le nom du Christ ressuscité, tes ennemis se plieront devant toi et reconnaîtront que Jésus est Seigneur. Tu as la puissance pour réduire au silence tout Pharaon qui tente de t'empêcher de progresser, et pour renverser tout Haman qui complote ta chute.

> *« Que tu es heureux, Israël ! Qui est comme toi, un peuple sauvé par l'Éternel, le bouclier de ton secours, l'épée de ta grandeur ? Tes ennemis feront semblant de te flatter, et toi, tu marcheras sur leurs hauteurs. » (Deutéronome 33:29)*

6. PUISSANCE POUR LA SANTÉ DU CORPS ET LA CLARTÉ DE L'ESPRIT

Romains 8:11 te garantit :

> *« Si l'Esprit de celui qui a ressuscité Jésus d'entre les morts habite en vous, celui qui a ressuscité Christ rendra aussi la vie à vos corps mortels par son Esprit qui habite en vous. »*

La même puissance qui a vivifié le corps de Jésus est pleinement active en toi et doit être activée pour insuffler vie et santé à chaque partie de ton corps.

Par la puissance de résurrection, chaque partie de ton corps doit fonctionner sainement et de manière optimale. Chaque cellule, tissu ou organe de ton corps doit répondre à cette puissance. Il ne doit y avoir ni stérilité ni faiblesse, et tu dois être quotidiennement renouvelé. En effet, par la puissance du Christ ressuscité,

« que ta vigueur dure autant que tes jours ! » (Deutéronome 33:25)

La puissance de résurrection aide également à activer ton intelligence pour une productivité et une créativité inspirées. 2 Timothée 1:7 dit que Dieu ne nous a pas donné un esprit de timidité, mais de puissance, d'amour et de sagesse.

7. PUISSANCE POUR VAINCRE LES LIMITATIONS ET DÉPASSER LES ATTENTES

Un des aspects les plus remarquables de la puissance de la résurrection est son effet transformateur. Elle brise les lois naturelles et les limitations humaines, et les remplace par le surnaturel. C'est exactement ce qui s'est produit avec les apôtres, et c'est ce qui se produira pour toi dès que tu commenceras à activer cette puissance dans ta vie. Prends par exemple Pierre et Jean. Actes 4:13 révèle que

« lorsqu'ils virent l'assurance de Pierre et de Jean, ils furent étonnés, sachant que c'étaient des hommes du peuple, sans instruction ; et ils les reconnurent pour avoir été avec Jésus. »

Apparemment, au vu de leur origine sociale et de leur niveau d'éducation, personne ne s'attendait à ce que Pierre et Jean deviennent des personnes influentes. Mais puisque c'était la puissance de la résurrection qui était à l'œuvre en eux, leur vie est devenue un sujet d'étonnement, et les gens en ont conclu qu'ils avaient été avec Jésus.

Tu possèdes également cette puissance capable de faire de ta vie un témoignage vivant de l'omnipotence du Christ ressuscité. Peu importe les mauvaises choses qu'on a dites sur toi, peu importe le nombre de personnes qui t'ont rabaissé ou les résultats négatifs qu'on attendait de ta vie, par ta relation avec le Christ ressuscité et par Sa puissance opérant en toi, tu surpasseras toutes les attentes et tu deviendras une merveille pour ta génération !

8. PUISSANCE POUR UN IMPACT ILLIMITÉ DANS LE MONDE ET DANS LE ROYAUME DE DIEU

Lorsque le Christ ressuscité nous a donné l'ordre d'aller prêcher l'Évangile, Il a aussi promis d'être avec nous partout où nous irions dans l'obéissance à ce commandement. Et pour montrer la fiabilité de cette promesse, Marc 16:19-20 dit :

« *Le Seigneur, après leur avoir parlé, fut enlevé au ciel, et il s'assit à la droite de Dieu. Et ils s'en allèrent prêcher partout. Le Seigneur travaillait avec eux, et confirmait la parole par les miracles qui l'accompagnaient. Amen. »*

Que cela t'enseigne que tu possèdes la puissance pour impacter ton environnement sans limite, en propageant la Bonne Nouvelle autour de toi. La conscience que le Christ ressuscité est toujours avec toi devrait te remplir d'une assurance inébranlable, tout comme les premiers apôtres !

De la même manière, l'Écriture révèle que, lors de son ascension, le Christ ressuscité a distribué des dons pour l'édification de son Église et pour une meilleure exécution du mandat du Royaume. Ces dons sont disponibles pour t'équiper en vue d'une plus grande utilité et fécondité dans le Royaume de Dieu. Désire-les ardemment et tu en seras rempli !

9. PUISSANCE POUR ÊTRE GARDÉ DANS LA FOI EN VUE DE LA GLOIRE ÉTERNELLE

C'est là l'effet ultime de la puissance de la résurrection dans ta vie. Selon 1 Pierre 1:3-6 :

« Béni soit Dieu, le Père de notre Seigneur Jésus-Christ ! Conformément à sa grande miséricorde, il nous a fait naître de nouveau à une espérance vivante par la résurrection de Jésus-Christ d'entre les morts, pour un héritage qui ne peut ni se corrompre, ni

se souiller, ni se flétrir. Il vous est réservé dans les cieux, à vous qui, par la puissance de Dieu, êtes gardés par la foi pour le salut prêt à être révélé dans les derniers temps. »

Maintenant que tu sais jusqu'où va la puissance que tu peux exercer et savourer à travers la résurrection de Christ, il est temps de l'activer et de vivre chaque jour avec la conscience de la domination que tu possèdes en Jésus ressuscité !

7
LA RÉSURRECTION ET NOTRE GLOIRE ÉTERNELLE

« Le temps est court. L'éternité est longue. Il est donc raisonnable que cette vie brève soit vécue à la lumière de l'éternité. »
- C. H. SPURGEON

C'est sans aucun doute la plus grande bénédiction que nous offre la résurrection de Christ : la garantie concrète et inébranlable que, tôt ou tard, nous serons tous ressuscités pour régner avec Christ éternellement ! Gloire à Dieu !

Cette vérité donne à elle seule une dimension supérieure de sens, de but et d'enthousiasme à notre vie présente. Car, en dépit des joies et des triomphes que nous expérimentons grâce à la résurrection dans ce monde, notre vie terrestre reste comme « une vapeur qui paraît pour un peu de temps et qui ensuite disparaît » (Jacques 4:14). En plus, même ce court moment est parfois secoué par des périodes de tristesse et de désespoir, que la grâce de Dieu, par la puissance de la résurrection, nous aide à surmonter.

Maintenant, n'est-ce pas une perspective misérable et vide de sens, si tout cela était tout ce qu'il y avait à la vie ? Si la vie se résumait simplement à ces quelques années sur terre, aux combats menés et aux victoires remportées ? Assurément oui, car il y aurait toujours de l'incertitude quant à la manière dont tout finirait, et à ce qu'il adviendrait de nous et de tout ce pour quoi nous avons travaillé. Pas étonnant que l'apôtre Paul ait déclaré :

> *Si c'est dans cette vie seulement que nous espérons en Christ, nous sommes les plus à plaindre de tous les hommes* » (1 Corinthiens 15:19, LSG).

LE RÉCONFORT DE LA RÉSURRECTION

Heureusement, la vérité de la résurrection, ainsi que les innombrables assurances que nous offre l'Écriture et la « preuve de concept » (POC) que notre Seigneur a Lui-même démontrée, nous révèlent qu'il y a bien plus dans la vie que ce que nous voyons sur terre. La résurrection nous prouve que la mort n'est plus un ennemi à craindre, mais un passage à embrasser avec joie vers une vie infiniment plus glorieuse et éternelle.

Hébreux 2:14-15 dit expressément à propos de la mort et de la résurrection du Christ :

> *« Ainsi donc, puisque les enfants participent au sang et à la chair, lui aussi y a également participé, afin que, par la mort, il anéantît celui qui avait la puissance de la mort, c'est-à-dire le diable, et qu'il délivrât tous ceux qui, par crainte de la mort, étaient toute leur vie retenus dans la servitude » (LSG).*

Jésus a vaincu la peur de la mort, ainsi que le diable qui détenait auparavant ce pouvoir. La mort, pour nous, n'est donc plus une fin, mais une transition vers la gloire éternelle et un héritage impérissable. Comme le révèle encore 1 Pierre 1:3-6 :

> *« Béni soit Dieu, le Père de notre Seigneur Jésus-Christ ! Conformément à sa grande miséricorde, il nous a fait naître de nouveau, pour une espérance vivante, par la résurrection de Jésus-Christ d'entre les morts, pour un héritage qui ne peut ni se corrompre, ni se souiller, ni se flétrir. Il vous est réservé dans les cieux, à vous qui, par la puissance de Dieu, êtes gardés par la foi pour le salut prêt à être révélé dans les derniers temps. C'est là ce qui fait votre joie, quoique maintenant, puisqu'il le faut, vous soyez attristés pour un peu de temps par diverses épreuves. »*

Encore une fois, voilà pourquoi la résurrection élève notre foi et renforce notre espérance bien au-dessus de celle des adeptes d'autres religions ou même de la science. Bien que quelques autres croyances évoquent une vie après la mort, leurs allusions sont vagues et sans preuve convaincante, car aucun fondateur n'a validé l'existence de l'au-delà par une résurrection personnelle. Et ceux qui placent leur foi dans la science se trouvent dans une impasse encore plus profonde, car elle ne propose aucune preuve tangible de la vie après la mort.

Seul Jésus, par Sa résurrection, a offert une preuve puissante et irréfutable que la vie éternelle est une certitude pour tous ceux qui Le suivent. Comme l'a exprimé le prédicateur écossais-américain Peter Marshall :

> *« Aucun journal à sensation n'imprimera jamais la nouvelle sensationnelle selon laquelle le corps momifié de Jésus de Nazareth a été découvert dans la vieille Jérusalem. Les chrétiens n'ont pas de corps soigneusement embaumé enfermé dans une vitrine à vénérer. Dieu merci, nous avons un tombeau vide. Le fait glorieux proclamé par ce tombeau vide est que la vie pour nous ne s'arrête pas à la mort. La mort n'est pas un mur, mais une porte. »*

GARANTIES DE LA RÉSURRECTION FINALE ET DE LA VIE ÉTERNELLE

Bien avant Sa mort et Sa résurrection, Christ avait déjà clairement affirmé que quiconque L'accepte jouira non seulement d'une vie abondante sur la terre, mais aussi d'une vie éternelle que la mort ne pourra jamais interrompre. Il déclara dans Jean 11:25-26 :

« Je suis la résurrection et la vie. Celui qui croit en moi vivra, quand même il serait mort ; et quiconque vit et croit en moi ne mourra jamais... »

Quelle assurance réconfortante ! Les croyants en Christ ne meurent pas ; ils accèdent simplement à leur corps glorifié et à leur demeure céleste ! Le Seigneur réaffirma cela en disant :

« Que votre cœur ne se trouble point. Croyez en Dieu, et croyez en moi. Il y a plusieurs demeures dans la maison de mon Père. Si cela n'était pas, je vous l'aurais dit. Je vais vous préparer une place. Et, lorsque je m'en serai allé, et que je vous aurai préparé une place, je reviendrai, et je vous prendrai avec moi, afin que là où je suis vous y soyez aussi » (Jean 14:1-3).

Quand Jésus est ressuscité, la foi des disciples en ces assurances s'est encore davantage affermie. Cela confirmait pour eux que Jésus est véritablement la source de la vie, et que L'avoir signifie posséder une vie qui ne meurt jamais et qui n'est plus menacée par la peur de la mort. En essence, par Sa résurrection, Jésus a donné la meilleure démonstration (preuve de concept) de la doctrine de la résurrection finale et de la vie éternelle pour les croyants.

Dans divers domaines humains, une preuve de concept (POC) est une démonstration ou une expérimentation visant à valider la faisabilité ou la fiabilité d'une idée. Dans le contexte de la résurrection finale, Jésus a d'abord prouvé la validité de cette doctrine en ressuscitant des personnes à différents stades de la mort : la fille de Jaïrus qui venait de mourir (Luc 8:41-56) et Lazare, décédé depuis quatre jours et déjà en décomposition (Jean 11). Puis, Il l'a accompli en Lui-même !

« Jésus leur répondit : Détruisez ce temple, et en trois jours je le relèverai. Les Juifs dirent : Il a fallu quarante-six ans pour bâtir ce temple, et toi, en trois jours tu le relèveras ! Mais il parlait du temple de son corps. C'est pourquoi, lorsqu'il fut ressuscité des morts, ses disciples se souvinrent qu'il avait dit cela ; et ils crurent à l'Écriture et à la parole que Jésus avait dite » (Jean 2:19-22).

Pas étonnant que les premiers apôtres aient changé radicalement de perspective sur la mort, au point qu'ils utilisèrent le terme « s'endormir » pour la décrire (voir Actes 7:60, 1 Corinthiens 15:6, 20 et 1 Thessaloniciens 4:13-18). Le Seigneur Lui-même avait souvent utilisé cette expression pour parler de ceux qui lui étaient chers (comme Lazare ou la fille de Jaïrus). Car le sommeil suggère un état paisible et temporaire, par opposition au caractère sombre et final que l'on attribue souvent à la mort. Le but est clair :

souligner que la mort n'est pas la fin pour les croyants, mais un repos passager avant d'être réveillés pour une nouvelle vie éternelle !

ANCRE SÛRE DANS LES TEMPÊTES DE LA VIE

Les premiers chrétiens s'accrochaient fermement aux assurances de la vie éternelle, même au cœur des tribulations et persécutions, et ils s'encourageaient mutuellement par cette espérance. Dans 1 Jean 5:11-13, l'apôtre rappelait ce que Christ leur avait enseigné :

« Et voici ce témoignage, c'est que Dieu nous a donné la vie éternelle, et que cette vie est dans son Fils. Celui qui a le Fils a la vie ; celui qui n'a pas le Fils de Dieu n'a pas la vie. Je vous ai écrit ces choses, à vous qui croyez au nom du Fils de Dieu, afin que vous sachiez que vous avez la vie éternelle » (LSG).

Plus tôt, Paul avait écrit pour consoler les Thessaloniciens affligés par la perte de leurs proches :

« Nous ne voulons pas, frères, que vous soyez dans l'ignorance au sujet de ceux qui sont morts, afin que vous ne vous affligiez pas comme les autres qui n'ont point d'espérance. Car, si nous croyons que Jésus est mort et qu'il est ressuscité, croyons aussi que Dieu ramènera par Jésus et avec lui ceux qui sont morts. Voici, en effet, ce que nous vous déclarons d'après la parole du Seigneur

> : nous les vivants, restés pour l'avènement du Seigneur, nous ne devancerons pas ceux qui sont morts. Car le Seigneur lui-même, à un signal donné, à la voix d'un archange, et au son de la trompette de Dieu, descendra du ciel, et les morts en Christ ressusciteront premièrement. Ensuite, nous les vivants, qui serons restés, nous serons tous ensemble enlevés avec eux sur des nuées, à la rencontre du Seigneur dans les airs, et ainsi nous serons toujours avec le Seigneur. Consolez-vous donc les uns les autres par ces paroles » (1 Thessaloniciens 4:13-18).

Paul écrivit aussi aux Corinthiens :

> « Voici, je vous dis un mystère : nous ne mourrons pas tous, mais tous nous serons changés, en un instant, en un clin d'œil, à la dernière trompette. La trompette sonnera, et les morts ressusciteront incorruptibles, et nous, nous serons changés. Car il faut que ce corps corruptible revête l'incorruptibilité, et que ce corps mortel revête l'immortalité. Lorsque ce corps corruptible aura revêtu l'incorruptibilité, et que ce corps mortel aura revêtu l'immortalité, alors s'accomplira la parole qui est écrite : La mort a été engloutie dans la victoire » (1 Corinthiens 15:51-54).

APERÇUS DE NOTRE HÉRITAGE ÉTERNEL

Alors que nous nous réjouissons dans l'espérance de la vie glorieuse qui nous attend dans les cieux, il est bon d'avoir quelques aperçus de ce que sera cette vie. Cela renforcera notre foi et dissipera davantage notre peur de la mort, tout en nous aidant à mieux apprécier l'œuvre du Christ. Voici quelques révélations de cette vie à venir :

1. Nous serons transformés.

Que nous quittions cette terre par la mort ou par l'enlèvement, une chose est certaine : nous abandonnerons notre corps actuel avec toutes ses limites, pour recevoir un corps glorieux et céleste (1 Corinthiens 15:51-54 ; Philippiens 3:20-21 ; 2 Corinthiens 5:1).

2. Nous serons consolés, dans une paix et une joie parfaites.

« Il essuiera toute larme de leurs yeux, et la mort ne sera plus ; il n'y aura plus ni deuil, ni cri, ni douleur, car les premières choses ont disparu » (Apocalypse 21:4).

3. Nous adorerons Dieu avec les autres saints.

« Après cela, je regardai, et voici, il y avait une grande foule que personne ne pouvait compter, de toute nation, de toute tribu, de tout peuple, et de toute langue. Ils se tenaient devant le trône et devant l'Agneau, vêtus de robes blanches, et des palmes à la main. Et ils criaient d'une voix forte : Le salut est à notre Dieu qui est assis sur le trône, et à l'Agneau » (Apocalypse 7:9-10).

4. Nous ne verrons plus le mal ni la méchanceté.

« Il n'entrera chez elle rien de souillé, ni personne qui se livre à

l'abomination et au mensonge, mais ceux-là seuls qui sont écrits dans le livre de vie de l'Agneau » (Apocalypse 21:27).

5. Nous recevrons des récompenses éternelles et régnerons avec Dieu pour toujours.

« Béni soit Dieu, le Père de notre Seigneur Jésus-Christ ! Conformément à sa grande miséricorde, il nous a fait naître de nouveau pour une espérance vivante, par la résurrection de Jésus-Christ d'entre les morts, pour un héritage incorruptible, sans souillure, impérissable, réservé dans les cieux pour vous » (1 Pierre 1:3-5).

« Il n'y aura plus de malédiction. Le trône de Dieu et de l'Agneau sera dans la ville. Ses serviteurs lui rendront un culte ; ils verront son visage, et son nom sera sur leurs fronts… et ils régneront aux siècles des siècles » (Apocalypse 22:3-5).

Face à toutes ces assurances glorieuses, pas étonnant que l'Écriture déclare : « Heureux dès à présent les morts qui meurent dans le Seigneur… ils se reposent de leurs travaux, car leurs œuvres les suivent » (Apocalypse 14:13). C'est aussi pourquoi beaucoup de croyants, dans la Bible comme aujourd'hui, ont abordé la mort avec paix et joie.

Par exemple, voici comment est décrite la mort d'Étienne :

« Mais Étienne, rempli du Saint-Esprit, fixa les regards vers le ciel, vit la gloire de Dieu et Jésus debout à la droite de Dieu… Pendant

> *qu'on le lapidait, Étienne priait et disait : Seigneur Jésus, reçois mon esprit ! Puis, s'étant mis à genoux, il s'écria d'une voix forte : Seigneur, ne leur impute pas ce péché ! Et, après ces paroles, il s'endormit » (Actes 7:55-60).*

L'apôtre Paul, lui aussi, écrivit avec assurance aux Philippiens :

« Car Christ est ma vie, et la mort m'est un gain… J'ai le désir de m'en aller et d'être avec Christ, ce qui est de beaucoup le meilleur… » (Philippiens 1:21-24). Et, à la fin de sa vie, il dit à Timothée : « Car pour moi, je sers déjà de libation, et le moment de mon départ approche. J'ai combattu le bon combat, j'ai achevé la course, j'ai gardé la foi. Désormais, la couronne de justice m'est réservée… » (2 Timothée 4:6-8).

Quelle assurance bénie et quelle espérance ! Parce que notre Sauveur a vaincu la mort, nous avons été rachetés pour une vie bénie sur terre et une gloire éternelle dans les cieux. Parce que Christ vit, notre vie ne s'arrête jamais. Quelle que soit la manière dont nous quittons cette terre, ce ne sera jamais une fin, mais le début d'une joie infinie. Comme l'a si bien dit Phillips Brooks : Que tout croyant se considère comme immortel. « Qu'il saisisse la révélation de Jésus dans sa résurrection. Qu'il ne dise pas seulement : "Christ est ressuscité", mais aussi : "Je ressusciterai !" »

CONCLUSION
VOUS ÊTES LE CINQUIÈME ÉVANGILE !

Quel merveilleux et glorieux voyage de révélations nous avons parcouru jusqu'ici sur les bienfaits inépuisables de la résurrection du Christ. Non seulement nous avons désormais une compréhension plus claire de la bénédiction que représente la résurrection de Jésus, mais nous avons aussi découvert plus en profondeur les nombreuses provisions et privilèges qui nous sont offerts à travers cet événement. En somme, nous avons l'assurance que, même dans nos heures les plus sombres, il y a toujours de l'espoir pour un renouveau, une rédemption et un nouveau départ. Nous savons que, puisque Jésus a remporté la victoire, nous avons aussi la victoire !

Ainsi, si vous n'avez pas encore accepté Jésus-Christ dans votre vie, je vous invite à Lui remettre votre vie dès aujourd'hui. Il a porté toutes les afflictions et les souffrances, est mort sur la croix et est ressuscité afin que vous ne soyez plus esclave du péché ni victime de Satan. Et si vous avez déjà fait de Christ votre Seigneur, je vous exhorte à persévérer dans le chemin du salut, afin de ne pas crucifier à nouveau le Christ par une vie de péché.

Au-delà de cela, il est important de se rappeler que les auteurs des quatre Évangiles (Matthieu, Marc, Luc et Jean) ont chacun donné un récit unique de la résurrection de Jésus-Christ. Désormais, vous et moi sommes le cinquième Évangile. Nous avons été mandatés et revêtus de puissance pour annoncer au monde la vérité de la résurrection ! Les anges ont dit aux femmes au tombeau de proclamer la bonne nouvelle de la résurrection. Jésus a lui-même ordonné aux disciples de diffuser ce message. Ne gardez donc pas le message de la résurrection pour vous ; partagez le message de salut et d'espérance qu'il contient avec vos amis, votre famille, et tous ceux que vous rencontrerez. Faites-leur savoir que Dieu les aime et veut les réconcilier avec Lui.

Des multitudes à travers le monde sont encore aveuglées à la lumière de l'Évangile, et vivent sans l'assurance réconfortante que la résurrection du Christ procure, tant pour cette vie que pour l'au-delà. C'est pour cela que tant de personnes sont confuses, anxieuses, déprimées, et parfois même suicidaires. En effet, les statistiques montrent que chaque année, près de 800 000 personnes meurent par suicide. Cela signifie qu'il y a un suicide toutes les 40 secondes, et pour chaque suicide, il y a plus de 20 tentatives estimées. Quelle tragédie !

La majorité de cette tragédie résulte du fait que ces personnes se posent des questions sans réponses sur la vie, et ne parviennent pas à percevoir de lumière au bout du tunnel de leurs épreuves. Pour nous qui sommes en Christ, cependant, nous avons les réponses à ces questions, ainsi que le réconfort nécessaire pour traverser les complexités de la vie, grâce au message de la résurrection. Ce n'est pas un hasard si Jésus nous appelle la lumière du monde ! Et c'est maintenant le moment de faire briller cette lumière de l'Évangile avec encore plus d'intensité.

Le même mandat puissant que le Seigneur a donné à tous ceux qui ont été témoins de Sa résurrection, c'est celui qu'Il vous donne aujourd'hui, à vous et à moi. Nous devons répandre le message d'espérance, de lumière et de vie éternelle que la résurrection apporte à ce monde sombre, morne et désespéré qui nous entoure. Comme l'a si bien dit Ravi Zacharias : « En dehors de la croix de Jésus-Christ, il n'y a aucun espoir dans ce monde. Cette croix et cette résurrection, au cœur de l'Évangile, sont le seul espoir pour l'humanité. »